文庫

震災画報

宮武外骨

筑摩書房

震災畫報

廢姓外骨著

自第一冊至第六冊

全

震災画報総目次

凡例

一、本書は一九二三年九月二五日から一九二四年一月二五日にかけて半狂堂より刊行された『震災画報』全六冊を文庫化したものである。

二、文庫化に際しては、明らかな誤植、誤記、脱字を訂正し、震災当時の活字不足によるものと思われる表記についても、一般的な表記に改めた。また難読と思われる語にはルビを振り、接続詞などはひらがなに改めた。漢字とかなは、新字・新かなに改めた。

三、宮武外骨自身は関東大震災時に発生したデマ「朝鮮人暴動説」に批判的であったが、一部新聞による誤報道を引用している箇所が見られる。この点に関しては、解説で説明してある。

四、「鮮人」等、今日では問題とされる表現についても、作品の歴史的・資料的価値にかんがみ、そのままとした。

五、なお〔 〕は補入を表わす。

震災畫報
外骨著

例言

○有史以来の大惨害と見るべき今回の関東大震災は、詳密にこれを録して天下に示し、あわせて後世に垂《たれ》るべき大事変なり。よってここに例の和紙和装本として本書を続刊す

○本書は第一冊より漸次続刊し、第六冊をもって終了とす。第二冊は来月上旬に発行し、およそ三ヶ月間に全六冊を発行す

○記載事項は見聞のまま随筆体に録し、最終冊に目次および索引を附す。また被害の統計的数字は、完全の調査を待ってこれまた最終冊に載す

○第一冊は著者が実地に目撃せし記事を主とし、傍《かたわ》ら訪客の談話によりたる事多しといえども、第二冊以下には豆相《ずそう》房総の奇事をも収録す

○治安妨害としてその筋より新聞紙の発行頒布を禁止せし項目に属する記事はすべてこれを避《さ》くゆえに不徹底の所は読者の推断にまかす

○諸種の印刷所、活字鋳造所、和洋紙問屋、製本所等は、ほとんど全滅に近き大被害なりしをもって、出版界の打撃最もはなはだしきが中に、幸い当方の印刷所明正舎は罹災を免れたれども組版部愛正舎は全焼なりしがため、活字不足にて長文の組版をなすあたわず、追っては整頓するに至るべけれども、当分は欠字多きを免れず、ゆえに大小活版の混用、漢字の仮名書き「カンジの

カナガキ」、符号等多かるべく、よろしく推読せらるべし
○本書の用紙たる土佐判紙は、幸い先月月末『川柳語彙』、『変態知識』等の用紙として買収せしものを利用せしなり。第三冊以下の用紙は生産地へ電報にて註文せり。その品万一不着なるとも、直接購読申込みの予約者には全部和紙印刷のものを郵送す
○本書各冊の仮製本は、自宅の婦女子に命じたり、拙技粗造は寛恕を乞う

第一冊　大正十二年九月二十五日発行

●未成文明の弊害　震害よりも火害の多かった都市

事物には利害の相伴うものであるが、理想的でない未成文明にもまた利害がある。今回の大事変について考うるに、その利益よりは弊害の方が夥多劇甚《かたげきじん》であった。

分業は社会進歩の一要素であるが、この分業発達のために、今回東京横浜は多大の損害を被ったと云ってよい。それは戸々の井戸を潰して鉄管水道を敷き、戸々の灯火を廃して電灯を共通ならしめた結果、破裂を恐れて水道を閉塞し、電柱倒れ電線断たれて無灯となったがために、防火の術なくして祝融《しゆくゆう》に暴威を逞《たくま》しくせしめ、しかも不良漢の暗黒に乗ずる放火もあって、幾十万戸を焦土に化せしめ、数十万人の生命を奪ったことである。

次に食糧を焼かれ、飲料を失った百万以上の罹災民が、昔時のごとく餓死する事もなくて、全くその生命を繋ぎ得た事は、交通機関たる汽車汽船飛行機等の分業発達で輸送の便益があったお蔭、すなわち文明の利益である。しかれどもこの利益は文明の弊害によって生じた惨事の一部分を救助し得たに過ぎない事で、根本の震害よりも火害の多かったのはやはり未成文明の罪である。されば常態設備のほか、意外の大危難にも処すべき新計画、すなわちかかる惨禍を生ぜしめざる理想的物質文明の発達を切望する。

●地震学の知識概略（一）

野蛮時代未開時代の人々は、地震を神の所作と見、あるいは大鯰の潑溂によるなどの妄信もあったが、科学的研究の地震学では、当然起るべき地下の急激変動としてある。

▲地震の三種

地殻中に不安の所を生じて起るのであるが、その原因に三種ある。

火山地震　　陥落地震　　断層地震

火山地震とは、地中の火気が猛烈に一時に地外へ放出せんとして火山の内部または外部を破壊する時におこる震動を云うのである。明治二十一年に会津の磐梯山が破裂した際などはその一例である。この火山地震には激烈なことも多いが、その震動の区域（震域）は火山附近に止まるを常とする。

陥落地震とは、地下水の侵蝕によって地中に空洞を生じ、その空洞へ上層の地盤が重力で陥落するがためにおこる震動を云うのである。この地震は区域が狭小であり、また我国にはあまり多くおこらない。明治三十一年に摂津の有馬であったなどがその一例に過ぎない。

断層地震とは、地熱が放散して地殻が収縮する結果として地殻に亀裂を生じ、その地殻の一部分が上か下かに移動するのを断層と称し、その移動が急激におこって震動するのを云うのである。これを俗に「地すべり」ともいう。この震動の区域は大であって、かつ激烈なのが多い。我国の大地震は概してこの断層地震である。

今回の大震害もこの断層地震である。専門学者の説によると、東京から南方二、三十里の海底、すなわち太平洋下におこった大「地すべり」であると云う。

▲震源と震域

地下における変動の中点を震源といい、その上部の地を「震央」と称するのであって、震央では上下動が起り、少しく隔たった所では上下動と左右動（水平動）がおこり、遠方では単に左右動のみである。震源が近くても火山地震では震動が二、三十里ぐらい、断層地震では二、三百里におよぶことがあると云う。

安政二年の江戸の大地震は上下動であったと云う。今回のはドドンの上下動も少しはあったが、四寸の震幅は左右動（水平動）であったのだから、安政度の大地震とは震源が異っているのである。

この震源から震域に伝わる震動の速度は、地質によって異るが、大約一秒時間に二十町ぐらいであると云う。

●上野公園に集った避難者　二日には約五十万人

その後焼残りの親族方へ行った者、友達の家へ同居する者、府市の救護所へ転じた者、徒歩で郷里へ帰る者、無賃汽車で他地方へ行った者等が日々数万組あって、昨今（十七、八日頃）は居残りが千軒くらいに減じている。焼跡からトタン板を拾って来て屋根に葺《ふ》き、蓆《むしろ》を敷き戸を立てかけて乞食小屋同様の住家を作って居る、たよる先のない哀れな者ばかり。

●尋ね人の貼紙

父に離れた子、娘を見失った母、行方の知れぬ兄、安否の分らない妹、夫にはぐれた妻、主人思いの店員、焼落ちた親族の立退先、仲の善い友達の消息。これを尋ねる貼紙が塀、壁、墓碑、樹木、電柱、電車、警察署の前、交番所の周囲等、あらゆる個所にはられたが、

谷中天王寺の五重塔下には次のごとき貼紙があった。法学博士の著名人その門弟が先生は既に先夜本所被服廠跡で焼死された事をも知らず、全市へかかる貼紙をしたのであろうが、後に何人かが「逝去」の二字を書き加えたので、一層哀悼の情を深くせしめた。

　この貼紙のほか「何町の何某様」と書いた木札または厚紙を棒に打付けて手に持ち、「神田多町の山口さんはおりませんか」とか「本石町の松本さーん」とか哀れな声で、避難者群集の中を叫びながら歩いた者が数知れず、すでに焼死した者、溺死した者とは知らず、否「もしや生きておりはせぬか」と頼りなくも尋ね廻った者が多かったらしい。上野公園内には一時五十万人の避難者がいたので「何町の何某さん」と叫ぶ声が数日間の昼夜絶え間がなかった。この公園に接近する著者の居宅、深更の二時三時頃には、全山のその叫び声が寝耳に徹して、何とも云い知られぬ悲痛の感に打たれた。尋ね当てた人々の喜びはもちろんだが、数日声をからしてついに効のなかった人々の失望は察するにあまりがある。

◦上野山王台の西郷隆盛銅像

尋ね人の貼紙數百枚

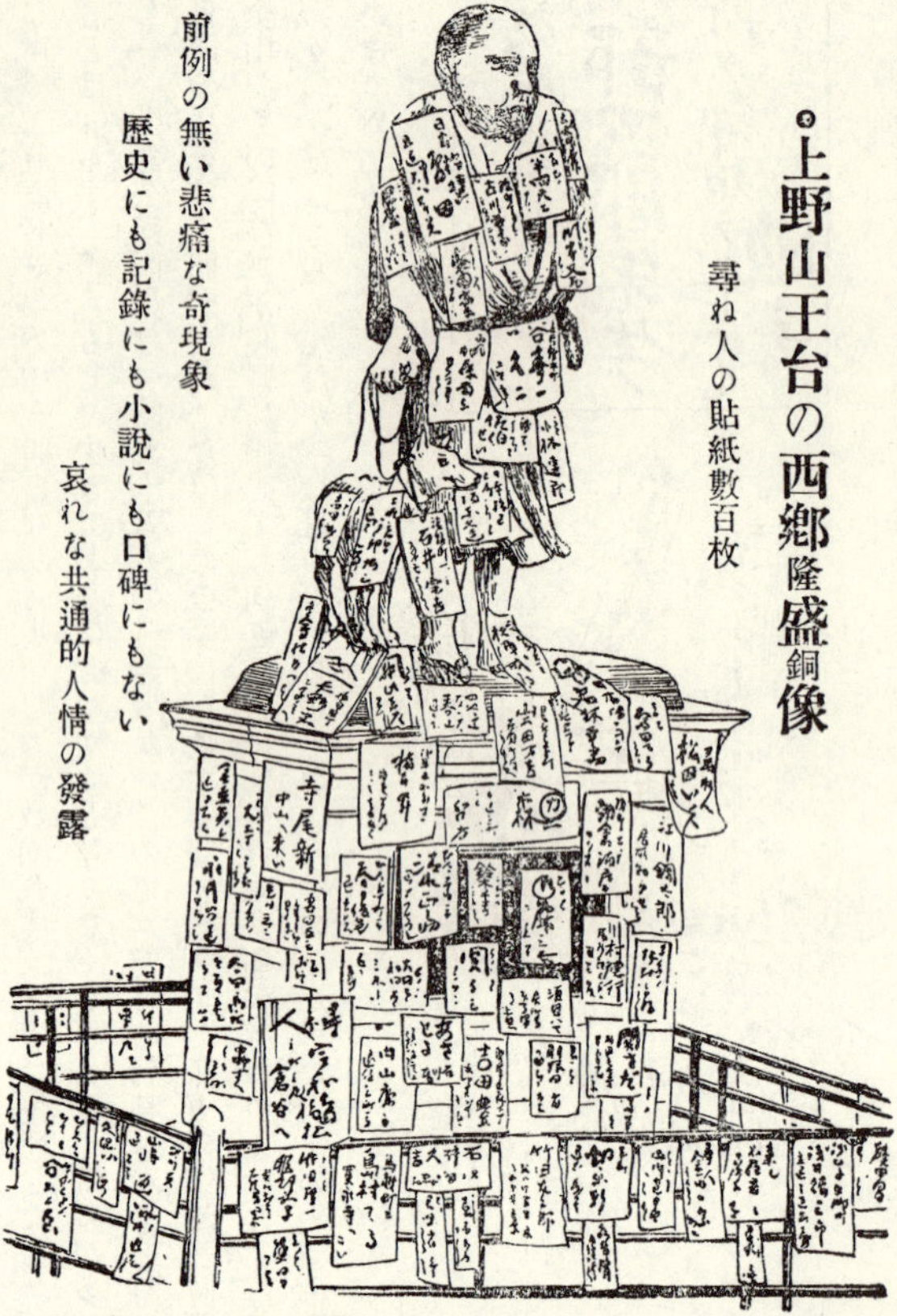

前例の無い悲痛な奇現象

歴史にも記録にも小説にも口碑にもない

哀れな共通的人情の發露

●吉原の遊女

今回の大事変中、聞くにも語るにも悲惨の極なのは、本所被服廠あとでの三万余人焼死と吉原娼妓の事である。これは委細を書くに忍びないが、そら火事だと圧死を免れた娼婦どもは、廓内の公園に避難したが、火に追われて遁るに途なく、池水に投じて溺れたり焼死した者が多数であった。昨今は廓内の空地に塔婆を建てて回向している。

●貧富平等の無差別生活

大事変の際には、法律無視の小行為は看過されるものである事を今度実地に目撃した。裸体で大道を歩いても構わず、大小便はどこへ垂れても咎める者なく、他人の邸宅へ侵入して水を汲んだり、無免許で商売を始める者、公園の樹木を折り、しかも居住権のあるかのごとく仮小屋を作るなど、枚挙に暇なしであるが、また法律外の問題としても、常時にはない事が行われた。粗服粗食など貧富無差別、貴賤平等でやや原始的の世態に近い事であった。

悲惨の中で滑稽なのは、大人が小児の衣服を着、裸体で焼出された小児が綿入のドテラをもらって着ていた事である。

●東京を去った百万の避難者

東京上野駅は全滅であったので、日暮里駅から京阪へも東北地方へも汽車開通。しかも罹災者は無賃乗車とあるので、我も我もと帰郷または関西地方へ逃げた者が多かった。これは東京にいても住むべき家がなく、執るべき職業がないから、早く遠走りするに限ると、東京を見くびった者が少くなかったからであろうが、我れ先にと押し寄せて、すでに満員であるにもかかわらず、窓から飛込んで他人の頭を踏みにじったり、列車の屋上に飛び乗

り転び落ちて死んだ者もあった。女子供はとても乗れないので、次の列車列車を待つのみで、終日乗れずに停車場で夜明かしした者もあった。
かく帰郷または逃避を急いだのは、食料と住居の問題もあったが、一つには、元の商売をするには全焼で資本がないとか、勤め先の会社は全焼で復活も覚束ないとかいう理由もある。元来は都会地にあこがれて来た人々であったに、今度の大震で都会生活が畏ろしくなった者もあろうが、昔から「焼け太り」という語がある。残存の東京人は、これからおおいに働いておおいに遊び、おおいに懐中を肥やしおおいに身体を肥やすに違いないと予想している。
しかし東京市が復活すると、のこのこ帰京する者もあろう。

●見聞雑記（一）

▲村井けちべいの馬鹿野郎

麹町永田町に火が移った時附近の居住者は我先にと庭園の広い近傍の大家に避難し、その中の一団は同町の高台にある村井吉兵衛方の門前へ押寄せたが、村井方では早くもそれと知って門を閉め、断じて邸内へ入れない事にしたので、避難者の群集は異口同音に村井を罵り、「やーい村井けちべいの馬鹿野郎」などと言いはやす者もあって、今ではその附近の子供までがこれを真似て呼んでいる。

▲品川弥二郎の銅像破壊

明治二十五年、時の内務大臣として選挙干渉の前例を作った品川弥二郎。九段坂上に当年の雄姿を示していたが、今回の大震動でその銅像全部がもろくも破壊されてしまった。

これも銅像流行に伴った粗製濫造の一証であろうか。

この図は東日紙の写真版によって摸したもの

▲市どん見殺しにするか

吉原大文字楼の前にあった勢州楼は、最初の強震で三階家屋が潰れたのであるが、その時外出中で無事な帳場の市という男が駆けつけて見ると、潰れた家の底の方で「助けてくれ」という叫び声。それが女主の声に似ていたので「おかみさんか」ときけば、「そうだよ」との答え。そこで壁を毀ち畳を除いていると、二階にいた若者が梁の間から手を出して同じく「助けてくれ」とよぶのでおいよしとその梁を棒でこじったり欄を打ち折らんとしても力及ばず、その間階下では女主が絶えず「早く助けてくれ助けてくれ」とのさけび。あれこれするうちに隣家の発火、その燃え上る熱気に堪えかね、他人の身よりも我身の上と、そこを逃去ろうとした時、「市どんオレを見殺しにするのか」とよび止められた声を聞捨てて飛出し、自分の一命は無事であったが、右の両人は誰とて助ける者もなく哀れついに焼死したので、今にそのさけび声が耳に残っていて、寝ざめが悪いと当人の物語であるという。

炎上の警視庁と帝劇

丸の内大地の亀裂

麻布のつぶれ家屋

三越呉服店遠望の焼跡

●軽信誤認録（甲）

学者とか識者とかいわれる人々でも、あわてると謬見《びゅうけん》誤認を免れない、まして凡夫俗人においてをやである。

■震源地は江戸川筋

今回の地震につき当日午後、帝大の今村博士は伊豆大島辺が震源地であると発表して的中したが、当日中央気象台の中村博士は江戸川筋が震源地であると発表した。江戸川とは利根川の支流で関宿から行徳までをいうのである。このへんにも震源はあるのであるが、かく誤認したのは、昨年来の地震につき、霞ヶ浦辺とか松戸辺とか主張して帝大に負けたらしい事があるので、我説を主張すべく同系の連発地震と見ての誤認発表であろう。

また同中村博士は去る十日「余震は終った」と発表したが、その後も連続してこの稿を締切る十八日までも毎日数回の余震はやまなかった。これも今村博士が「余震はおよそ一ヶ月間くらいつづく」と発表した方が的中している。

■秩父連山の噴火

去る三日発行の「大阪毎日新聞」に、「長野来電」として「秩父連山大爆発、噴煙天に冲《ちゆう》す」と初号大活字の標題で、

秩父連山は三十日噴火を始め、一日正午に至り俄然噴煙天に冲して大爆発をしたものらしく、これを高崎方面で眺むればむしろ壮観で、今回の大地震は秩父連山の大爆発によるものであろう

と伝えられている。

火山脈でもない秩父連山が噴火したといい、その噴煙が天に冲すとは無稽の妄説であるが、何がゆえにかく誤認したかというに、これは東京市中の火焔が夜陰の天空を照したので、秩父連山に遮られている高崎方面からは、あたかも噴火しているように見えたので、あわて者の通信員が軽率に発信したのであろう。

■放火目的の投弾

火災中に頻々《ひんぴん》と聴こえた大爆音は、薬店や諸学校の薬品が爆発したのであるに、不良漢が放火目的での投弾だと誤認した者が多かった。

■横浜市内に新温泉涌出

去る十一日頃、横浜市南太田町に新温泉が涌出した。冷水を入れた鉄瓶を浸たすとすぐに沸いて熱湯になるなど、大騒ぎをしていたが、翌日藤原理学博士が実地を踏査した報告によると「直径一尺の穴二つが出来、その上部の方からは盛んに青色の煙を吐き、下方の穴は一見全く温泉のごとく、その周囲に湯の花附着し、湯水には塩分を含んでいるが、精査してみると、その場は材木置場で数百本の材木が火災のため土砂の下敷になって蒸し焼きにされ、その結果木質から酢酸を醱酵したのが塩分の味となり青色の煙となったものである。その材木の蒸し焼きが終れば湯も冷え煙も消えるのである」とは大笑いの事で地主がぬか喜びをした落胆さも察せられる。

●何でも売切申候

大震の翌日頃から数日間、焼残り市街の諸種販売店では、大概「売切」の札を出してあった。その中で最も早かったのは米屋と菓子店、八百屋等であって、一日の夕方には戸を閉めて表に「白米売切申候」とか「菓子は一つもありません」とか「悉皆売切」とかいう貼紙をしてあった。これは前途の危惧で我も我もと多量に買占めた結果であろうが、中には事実の売切でないのに、一時売切として隠し置き、後に暴利を貪ろうとした者も多かったようである。その例につき「都新聞」に面白い話が出ていた。

「新宿終点のある油屋では店内に油があるにもかかわらず「売切」と貼り出した。さあ附近の住民は火の様に激して四谷署に告発した。さっそく小使を密かに買いにやったところ、これも断られたので四谷署から二、三名の署員が出張し取調べると数箱あったので「無い物があるとは不思議だ、これは当方へ押収する」と全部押収したので、油屋は口あんぐり」

日本銀行の出納局

●焼け貨幣の引換

「日本銀行では、大震災の翌日から、出納局の受付全部を焼けた紙幣や金銀銅貨の交換所に充て、七十余名の全局員がその仕事に没頭している。真っ赤に焼けた手提げ金庫を虎の子の様に抱えた男もあれば、焼けくずれてひと塊になった銅貨を腹掛の中から取り出す車夫もある。よぼよぼな婆さんが黒焦の灰を受付へ出したが「これでは取り換えようがありません」と断られてすごすご帰り行くなど、気の毒な人もあるかと思うと、焼け紙幣のぎっしりつまった函を、腫れ物に触るように、人夫に担がせて景気よく乗込む銀行や大商店もある。昨日（十四日）までの交換高は、紙幣が三十六万三千円、小額紙幣五千円、銀銅貨一万五千円である。その内田中興業銀行の十一万円がお頭で、白木屋の六万円がお次だそうだ。ところで奥出納局長は「この際全力を挙げて引き換ているが、焼けた紙幣の束になっているのは、いちいちピンセットではがして枚数を調査しているが、中には五円だか拾円だか判らないのも沢山あって鑑別が容易でない。銀貨や白銅も個数の判るまでは引き換るが、焼け潰れて固まったのは玄能で分割してみるなど非常に手数がかかる。この際の事だからずいぶん大胆な処置は取っているが、全く灰になったものや、個数の判らないのは交換の仕様がない云々」(都新聞)

●流言浮説集(一)

人心騒乱の時には、一種の変態心理者があって、何らの根拠なき妄誕無稽の事を言触らせて喜んだり、また何かのためにする所があって、捏造虚構の事を吹聴したりするものであるが、今回の大変事に際しては、それが最も多く行われた。後の訓戒となるべき奇言珍説を続載する。

■摂政宮殿下の御避難

畏れ多いウソを伝えた者があった。青山御所は全滅だとか、宮城《きゅうじょう》の二重橋がかたむいたなど、さも見て来たように言いはやしていたが、最もはなはだしい空事なのは、摂政宮殿下が飛行機にお召しになって京都へ御避難遊ばされたという事であった。

■七時間後の大ゆり返し

安政二年十月二日江戸に大地震のあった四、五日後、人心なお恐慌せるに乗じて「今夜大津浪が来る、高台へ避難せねばならぬ」と、触れ歩いた者があったので、全家挙って上野山内や湯島辺へ上がって夜あかしをしたのもあったが、さて何の事なく翌朝帰宅してみると、目ぼしい物は皆盗み去られていた。これは盗賊どもが申合せたウソであったという。これとは違うだろうが、何者が言出した事か、地震当日の午後二時頃「今夜七時に大ゆり返しがあるから注意しろと警視庁より通知が来た」と真実らしく触れ廻っていた者があった。

■国民新聞社長は海嘯《かいしょう》で死んだ

松方老公は鎌倉の別荘で圧死した、安田善次郎は横網の宅で焼死したというウソも弘く伝わったが、国民社長の徳富猪一郎が相州で津浪にさらわれて死んだというウソもかなり喧伝されていた。

■井戸に毒薬を投げ入る

朝鮮人が井に毒薬を投げ込むというウソも盛んに行われ、市内各所へ注意すべしと貼紙した者もあり、浅草寺境内の井へすこぶる美貌の朝鮮女が毒を投げ入れようとして捕われたなどのウソもあった。

■上野公園内の縊死者千人

親に死なれ子に死なれ、可愛い妻に死なれ、頼る夫に死なれた者などが、この世を悲観して首をつって死んだ、それが上野公園の樹々に鈴なりになっていたというウソが麴町麻布渋谷辺で盛んに伝播されたそうであるが、その実縊死者はただの一人であった。

■暴利商人の首を刎《は》ねてさらす

新宿辺の米屋某は白米一升を一円に売っていたが、それを罹災者の群集が押寄せて、この奸商《かんしょう》に天誅を加うべしと、いきなり首をはね、その首を竿に刺して公衆に示し、売残りの白米を一同が没収したというウソが各所に伝わった。

■浅草観音が焼け残った理由

本所の国技館が焼け残り、神田佐久間町辺が焼け残り、本郷でたった一軒の大島とかいう店が焼け残ったなどの理由は、誰もこれを不可思議的に解釈する者もないが、四囲に空地と樹木の多い浅草寺の焼け残った事については、愚夫愚婦どもが例の迷信で、その妙智力によるものとし「ありがたい観音様の御霊験」としているが、それにもなおあきたらで「彼が焼けなかったのは、いよいよ火焔に包まれて、あわや本堂に火が移ろうとした時、周囲の樹からシューシューと水を吹き出したので、無事であったのだ」との愚にもつかぬ流言が行われた。

■監獄の囚徒を解放した

市ヶ谷監獄（刑務所）や巣鴨監獄で囚徒をことごとく解放したから強盗窃盗の注意が肝要だとの浮説が一時盛んに行われた。またそれを打消しの解放じゃない脱監じゃ、数百名の囚徒が看守を斬殺して脱出したという流言も各所に伝わっていた。

■変装した爆裂弾所持者

牛込の某町で飯櫃を持ち野菜を持って歩く夫婦者を憲兵が怪いと見て捕えると、社会主

義の夫婦者で飯櫃には爆弾を入れ、野菜の中にはピストルがあったという浮説。また本所で妊娠中らしい朝鮮女を捕えて見ると、腹部に爆弾を隠していたという流言も行われた。

●安政二年江戸大地震

安政二年十月二日夜の亥の刻（十時）、江戸の大地震として著名であるが、火災は三十余ヶ所に起ったけれども、焼失した市街は次の図のごとく少部であった。それは、烈風のなかった事が第一因であるが、今と違って発火質の物が少かったのと、井戸水利用の火けしが行届いたためである。

しかし潰れ家は今回よりも多かった。それは震源地が葛飾郡金町亀有辺であったので、江戸

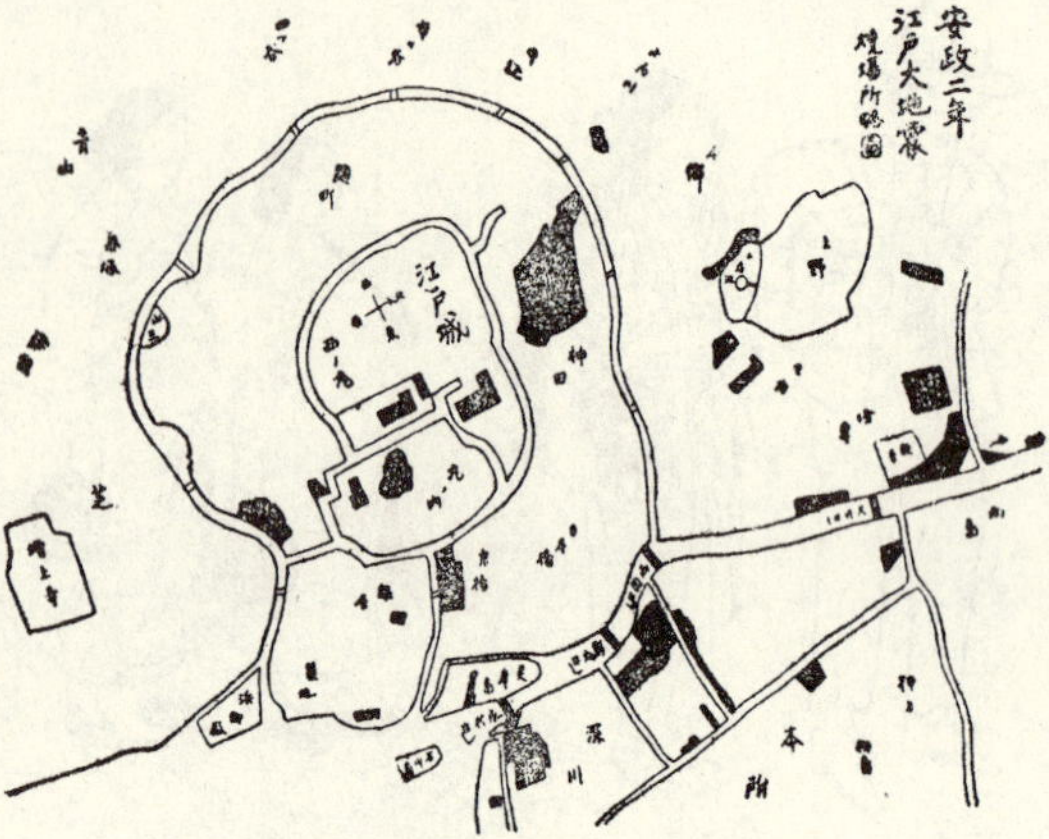
安政二年
江戸大地震
焼場所略圖
江戸城
上野
神田
本所
深川
芝
増上寺

市街が震央同様にはげしい上下震動を受けたのによる。
　この時も数日余震が続いたので、大地に戸板や畳を敷いて寝た者が多かった。その野宿の様が「安政見聞録」に出ているが、今回の罹災者の仮小屋に似ている。

●はきよせ

■焼け残った東京の新聞社

　報知新聞、東京日日新聞、都新聞の三社が焼け残ったのみで、東京朝日新聞、国民新聞、読売新聞、時事新報、万朝報、中央新聞、東京毎夕新聞、やまと新聞、中外商業新報等は皆烏《う》有《ゆう》に帰したのであるが、焼け残った社であっても活字のケースがことごとく顛覆したので、植字も出来ず、また職工連、記者連は自宅へ駆付けたまま出社しないから発行難で、東日が当日半版の小号外を出したのみ、五日から報知と東日が二頁物を出し、都が四頁物を出し、十日後にやや復旧に近いものが出来るに至った。この間焼失した諸新聞社は罹災外の活版所を買収して号外式の物を出し、時事新報などは旧活字ルビなしの四頁物で、あたかも明治七、八年頃の新聞らしいものを発行している。

かくて東日、報知、都の三新聞は、この際たりとばかりに焼失新聞の読者を取込まんとあせり、その争奪戦もまた尋常ではなく、至る所で衝突の修羅場を演出している。また一方焼失新聞社は読者を奪われまいとあせっているが、何といっても焼け残りには敵はない。形ばかりの物を日々発行していても、焼け残り新聞社に買収された前取次店が配達せず、にわか出来の新聞売子も三新聞のほかは扱わないので、いずれも歯ぎしりでやきもきしている。まず当分は三新聞の天下であろう。

■珍妙の馬車

これも物は必要に応じて出来るという一つであろうか。電車焼跡の交通繁き場所、品川から千住までの間ににわか馬車が出来た。平常の荷車に手すりを附け、ボロ蓋を附け、あるいは腰掛、あるいは莚など敷き、一区十銭二十銭の賃金を取る。不便の際とて乗る人多く、車力は一日三十円以上の収入、客はガタガタゆられ尻が痛いに懲りて二度と乗る者はないという。

■発売頒布を禁止された新聞

去る四日以来、治安妨害または風俗壊乱として頒布を禁止された新聞は、四日のいばらき新聞と北陸タイムスをはじめとして、五日の濃飛日報、都新聞、報知新聞、岐阜日日新聞、六日の東京朝日新聞、新愛知、七日後には東京日日新聞、やまと新聞、神戸又新日報、鷺城新聞、九州毎日新聞、大阪毎日新聞ほか十数の禁止があった。そしてその忌諱に触れた点は「不良漢の巣窟を騎兵隊が襲撃す」とか「悪人殺害差支なしの布令出ず」などいう浮説を記した類も少くないが、多くは本所被服廠跡の焼屍体を写真版にして出したがためであった。

■吉原遊廓

日本橋の宜町《ねぎまち》にあった吉原遊廓は明暦二年江戸大火の後、浅草田甫に移転したのであるが、近年市区の発展で吉原附近が殷賑の町家となったので、今回の全焼を機として、早くも風紀上の転地説が行われている。されど罹災の楼主連はそれに頓着せず、復活の応急策として合資会社を組織し、全廓内にバラック式の仮屋を建てて営業を開始せんとしている。ちなみにいう、罹災前吉原全体の娼妓は二千六百名弱であったが、うち千名以上は焼死し、四、五百名は逃走および抱主の一家全滅で自然解放もあり、かたがた現存は千名内外に過ぎないという。

■著者外骨の一身

大震当日の午前、編輯部の楼上へ印刷所の主人を呼寄せて、中田博士の著書『文学と私法』の挿画の印刷が悪いにつき改刷せよと厳談中、ミリミリと来て、隣の間にあった六尺の洋装本棚が襖二枚とともに客室へ倒れたのにびっくりして屋外へ逃出し、その後余震が頻来するので、近傍の人々とともに谷中墓地の一隅で野宿し、明二日は前日来るはずの米屋が全焼で米を持って来ず、近所で奪合うようにして買入れた玄米を梅干壺に入れ擂木で半白にする事を担任し、夕刻からは桜木町会の招集に応じて夜警隊の配置監督役になり、不眠不休で五日間続け、七日八日はくたびれで安眠、九日から本書の発行準備に着手し、十二日から挿画、十六日から編輯、この間毎日数回の余震、戦々兢々と強迫観念に追われつつ、原稿締切となったのが、十八日の午後三時であった。

次回からはもう少しよいものを作り上げたいと思うている、思うばかりかもしれない。

●知友各位へ

拝啓今回の大震災に際し諸方の知友各位より御見舞をかたじけなし御厚情の段深く感謝仕《つかまつ》り候《そうろう》。幸に当方編輯部営業部二戸とも何らの被害これなく、また事業としての損害も、愛正舎（京橋区桶町）全焼のため、川柳語彙と変態知識の製版を焼失せしに過ぎず、その他に直接被害は一切これなく候間、なにとぞ御安心下されたく候。なお旧来の和装本出版の事業はこの際しばらく遠慮して、一般の秩序整い次第続刊致すべく、その間とりあえず本書を発行致し候につき、従来の加盟員諸氏は右の事情御諒察の上、一時本書を御購読下されたく候なり。

半狂堂　廃姓外骨

三井　新

●現存と焼失　現存再版三版本八種と新刊二種

半狂堂の事業として一昨春来、この前頁〔広告頁未収録〕のごとく和紙和装本の発行を継続しておりましたが、今九月十五日までに新刊書、『川柳語彙』『面白半分』（絵入和装）『文学と私法』（絵入）『縁切寺』『変態知識』（第一号）『猥褻と科学』、この六種を一時に発行し、諸新聞にも大広告を出して弘く発売せんと企て中、『面白半分』と『縁切寺』は全部製本済、『文学と私法』は過半印刷済、『川柳語彙』と『変態知識』は組版所で全部焼失（『猥褻と科学』は未着手）ゆえに現在十種だけの御註文には応じます。『文学と私法』そのほかは十月中旬後より発行。

外骨著

震災畫報

第二冊

苦心労力と独特権威

世俗なみの優先慾と知友諸子への通信代りにと思って取急いだ本書第一冊の発行は予想以上の面倒であった。それは印刷所の活字ケース（棚）は地震のためにことごとく顚倒したのであるが、その活字の整理がまだついていない所へ、続々と名刺や郵便葉書の印刷、カタログ式の註文が殺到し、それがいずれも大至急に頼む、代価は平常の三層倍でも五層倍でも構わないというのである。その間に本書の植字をするのであるから、自宅で校正ズリの来るのを待っていては、アトマワシにされて遅れるに違いない、と見込んだ著者は、三日間の昼夜、自から出張して校正をやる事にした。さあこの頁は済んだ、次のを早くと促したのであるが、「浅草観音の観の字と、噴火の噴が見当りませぬ」といえば、「オイよし」と沢山ゲラ箱に無暗と詰込んである活字の中からそれを発見して渡す。天に冲すの「冲」が足りないといえば、「沖」の字の三水を二水に削って渡し、また「江」の不足には「注」の頭と横線を削り、流言の「流」がないといえば言を除き「ウソ」に代えろ、「吹聴し」がなければ「触廻り」に改めろ、というような改削融通の魂胆、いよいよ切迫の際には組版のサシカエ、紙型所への使走りをするなど、読者には少しも認められない精力主義の仕事をしてやっと発行し、他府県への郵送は、埼玉県の浦和局から出したのである。そのため震災画報としては第一番であった。無届出版の絵葉書や、画報といっても真の画報でない写真帖の類は、その前後いくつも出来たが、一種の見識と権威を示したものは本書が唯一であり、また早かったのである。この早かった事はあえて誇るに足りないとしても、右に記す著者の労力だけは認めてもらいたい。

●精神的物質的の革命期　要は恐慌の結果

近刊の新聞紙上に「震災がもたらした生糸取引の革命」という標題があった。その事実は輸出業者が旧慣を打破されたというのである。かく「革命」の語を政治的でなく、比喩的に使ってもよいとすれば、なお雑多の方面にも使い得られる。

震災以後、現実に認めたのは生活上の革命である。恐慌当時の貧富不差別貴賤平等の状態は永く連続しないが、衣食住の三者は従来のごとき華美を避けて堅実に傾く事は確実である。また思想上においても革命が行われる。大自然の大威力に驚愕した結果、民族的精神の固定性が萎縮して、人類的精神の可鍛性が発達するに違いないと思う。

なかんずく最も大なる革命期というべきは、建築上の改良であろう。舶来の新建築学によった物でも、大震大火に際してはほとんどなんらの価値なきものとなった。次に水道、運河、橋梁、公園等の改良で、土木工学に及ぼす革命もまた大であろう。

このほか、貯金、保険、商取引などの旧態には打破さるべき事が多くて、経済界に起る革命は少くあるまい。したがって法規上はもちろん、社会道徳の観念にもまた一大革命が生ずるであろう。否、すでにその現実を展開しつつあるではないか。

●地震学の知識概略　(二)

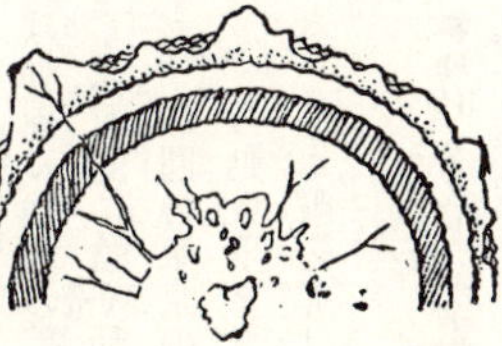

▲地震の強弱

動揺の多い少いは、震央に近い遠いと、原因すなわち火山地震では火気の強弱、陥落地震では空洞へ落る地塊の大小、断層地震では地すべり区域の広狭等によって分量に相違がある。それを四種に区別する。

微震　　弱震　　強震　　烈震

地震計には感じても、人体には感じないほどの地震、静かにしている人には知れても、動いている人は感じないほどの地震を微震といい、ゴーと響いて戸障子などがゴトゴトと鳴ったり、天井から下がっている物が少し揺れるくらいの地震を弱震というのである。次にはガタガタと来て瓦が落ちたり壁が落ちたり、樹が動いたり水が溢れたりする地震を強震といい、それ以上猛烈に来て、家が倒れ山が崩れ、大地が割れたりするのを烈震というのである。

この地震の強弱は、震央の遠近や、原因の大小ばかりでなく地形地質のいかんによって相違がある。同じ所でも地質の堅い高台と、埋立地などの柔い土地とは動揺に強弱の差がある。また平原の震波が衝突する山の麓では、岸打つ波が激しいごとく比較的に強く動揺する。

今回の東京の大地震について近い例をいえば、本郷台と上野台との谷間たる池ノ端から動坂下までの町は、近世の埋立地が多いので家屋が数百軒倒潰したけれども、上野桜木町辺では一軒のつぶれ家もなかった。

▲ゆりかえし（余震）

大地震後ゆりかえしという余震が頻々と起るので、人々を恟々《きょうきょう》たらしめるが、この余震の起る理由は、火山地震では余炎の噴出、陥落地震では落ち残りの土石が落ちるのであるが、断層地震では同じく落ち残りの地盤が落ちるのと、一時の圧力で押上げられた地盤が下がるのもある。

この余震は、小地震の後には一、二回でやむのであるが、大地震の後には十日ほどより一、二ヶ月間くらい続いて、最初は一日に数十回、多い時には二、三百回もあり、それが漸次減少して終りには隔日に一回ほどで済むのである。『方丈記』によると、元暦二年の畿内大地震の後には三ヶ月間余震が連続したという。この余震は地盤を安定ならしめるに

は必要なものとしてある。

●猛烈な旋風

大震後、各町に火災が起った際、本所の住民は前被服廠跡へ避難したが、火焔に囲まれて三万二千人の焼死という大惨状を極め、助かった者はわずかに三百人くらいであったという。この時猛烈な旋風（つむじかぜ）が起って、炎上地の焼木焼石等を避難者の頭上に降らしたので、そのヤケドで死んだ者も多かったという。また群衆地にも旋風が起って、人間が高さ二、三丈の空中へ捲き上げられ、墜落同時に即死した者も多かったという。先頃本所でその捲き上げられた一人の実験談を聞いた。「わたしは二、三間くらい上げられましたが、幸い人々の頭の上へ落ちたので、腰を痛めただけでいのちは助かりました」と云った。また旋風に捲き上げられて垣の外へ落ちたので、それから逃げて無事であったという人の話もある。

さてかような旋風の起ったのは、盛んに燃えあがる大火災が上空の気流を稀薄ならしめて、いわゆる低圧の所が生じ、そこへ高圧の部分から急に気流が集中せんとして、重い物をも捲き上げたのである。大火災の時、四囲炎上の焼残った個所に旋風の起るのは当然の事であるらしい。

旋風の事ではないが、ちなみにいう。大火災の時には低圧が生じて風が来る。その風で火災が一層ひどくなり、そのひどいためにまた一層強い風が来て大延焼となる。

●首が落ちた大仏

一切の衆生を済度するという仏様も、大自然の威力には敵しないと見えて、鎌倉長谷の大仏は前へのめり出して首を傾けている。それは大地震に呆れて何か考えている体と見てもよかろうが、東京上野の大仏は首が落ちて座前の土上に横たわり、見るも無残の体である。

人間の造った神様が、人間を助けるどころか、御自体までが焼け失せたのと同様、仏様に自己を防衛するだけの力もないのは、やはり人間の造った物に人間以上の力があり得るはずはないからである。

●「此際」という語

今回の震災後、バラック町、天幕村《テント》、自警団などという新語も出来たが、最も濫用されているのは「社会奉仕」の語であろう。奉仕の字義を知らない自己奉仕の連中までがこれを濫用して、駄菓子屋の店頭や床屋の軒下にまで社会奉仕の貼紙が出ている。流行心理学の一材料であろう。

これとは違うが、昨今最も広く一般に行われているのは、「此際《この》」という語である。その例、

「此際の事ですから御辛抱下さい」
「何といっても此際にはダメでしょう」
「此際そんな事をしてはならぬ」
「平常ならともかく此際には遠慮すべしだ」
「此際だから我慢しておこう」

「何でも構わないよ此際じゃないか」
「此際の事だからそれでよかろう」
この「此際」という語中には、節制、寛容、素朴等の美徳を表わして、奢侈、驕慢、虚偽、虚栄、放恣、浮華等を戒め、また一面には復活復興を期する希望をも含んでいる。此際の「此際」という語は実に多義多様の簡約語である。

●幸不幸の者

今度の大地震で禍害を受けた大不幸者は云うまでもなく、圧死焼死水死等の人々であるが、生き残った仕合せな人々の中にも幸不幸の者が多い。

同じ焼け出された人々の中にも、土地の関係や用意の良否等で、家財を全焼せしめた者と、竈《かまど》と庭石のほかはことごとく持出したという者との相違があり、焼けない人々の中にも、大切な器物を破損した者と、なんらの害を受けなかった者もある。また金を貸していて丸損になった者もあり、高利の金を借りていて返さずに済む者もあり、中には今度丸焼けになればよかったに、ナマナカ焼け残ったのが不運だとこぼしていた貧豪もあった。

最も大きな仕合せ者は、今度の新内閣員であろう。大震の翌二日に親任式、人心恐慌の際に押出したので、誰とて攻撃や反対をする者もなく、めでたく無事に成立したのである。それで「地震内閣」という綽号を貰っている。この綽号は至当であるが到底余震は免れないであろう。ハハハ。

かえって説く、いろいろ幸不幸の者が多い中で、第一番の大仕合せ者は乞食どもである。焼失する家財という物は一品もなく、着のみ着のままで、荷物は椀と袋の手軽品。後顧の必要もなくいち早く駆け出したのであるから家が焼けても倉が落ちても他人の事。保険金の取れる取れぬの心配などは少しもなく、避難先は、雨露を凌ぐ立派な建物の内。毎日もらいに歩く面倒もなく、続々と来る救助食料。おまけに袷《あわせ》やシャツ、手拭に紙、平常持った事もない手帳や鉛筆までももらい、各府県から来た慰問袋をも頂戴して、近年にない大福々の乞食成金もあったという。

●貼紙標札の時代

警察犯処罰令には「他人の家屋その他の工作物に貼紙をなしたる者は二十円未満の科料に処す」とあるが、大変時にはこの法令を無視して、尋ね人の貼紙が各所に充満し、続いては避難者の居所や、諸種販売の広告紙などが盛んに貼付され、さては官公衙の訓令や注意書までが、掲示場外たる他人の障壁へ無断でベタベタと貼付されている。官公衙までが法令を無視している所がおかしいくらいで、今は貼紙の時代といってもよい。

次には貼紙ではない幟《のぼり》式の携帯物が「何々県救護団」などという名で行われ、またあらゆる自動車には貼紙か標札で「帝国大学」とか「三井家救護班」とか「内務省警保局」とか書かれている。今は標札の時代といってもよい。

●安全地帯への避難

危急に際しては所を選ばずで、安全地帯と認めれば、きたないも綺麗もなく、樹の下であれ、畑中であれ、池のほとり、藪の中へも我先にと逃げ込み、荒川土堤にも一時数百組の避難者があった。その中で最もあわれと思ったのは、谷中墓地への避難者、平常は不浄地とされている墓石の前にゴザを敷きムシロ屋根の下で起臥し、墓石の階段を棚に代えて食器を並べていたのもあった。東朝紙にこの図のごときを「鉄管中に避難（富士紡女工）」と題してあったのも奇である。

●仮小屋売却の貼紙

頼るべき縁家もなくて、一時の避難地に仮小屋を造り、雨露を凌《しの》いでいた者が、古郷へ帰るとか、知人に見出されて引移る際、その仮小屋を近傍のより以上みじめな仮小屋にいる人に無料で譲って立去った者も多いが、中にはいくらかの金にせんとて、次の図（六一頁）のごとく売物として貼紙を出した者もあった。焼跡のトタン板を拾い集めたり、近所の板塀などを剝ぎ取って来て造った乞食住居同様の仮小屋。これを金に換えんとするのはあつかましいようだが、その構造の手間賃もあり、鍋釜土瓶バケツまで附物とあるので、遠い生国へ帰る旅費の足しと見れば、むしろ憫《あわれ》むべき境遇の者と認めてやらずばなるまいと思った。

●生きているなら早く来い

前回の誌上にも記した「尋ね人」の貼紙や、新聞紙の広告に出た文句は、いずれも同情すべき事であったが、我輩が最も強く感じたのは、十数日尋ねあぐんだ末とみえる。

寺尾新　父と姉子供二人は一同無事。中山にいるから、
生きているなら早く来い。　石川欣一

とあった広告。この「生きているなら」の一語には、無限の情緒も含まれ、感情にもろい著者、よそ事ながら涙が出た。

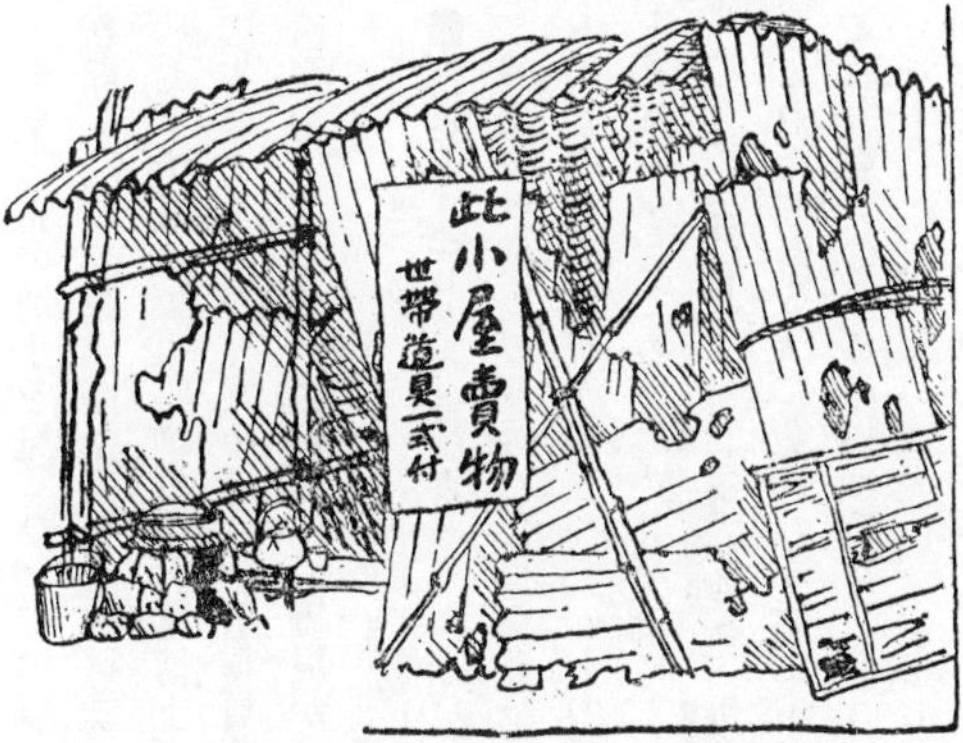

家でない家の居住権譲渡

●見聞雑記（二）

■無意の通信

桐の一葉落ちて天下の秋を知り、去雁来燕で初夏の期を知るのは自然の消息。これを無意の通信とも云えるが、非常時には非常事の消息があるもの。大震当時、東京の通信機関が全く杜《と》絶《ぜつ》していた二日、日本橋区久松町警察署の公用罫紙が、猛火の風にあおられて、その半焼の紙片が千葉県下の某村へ飛び落ちたので、その村人が日本橋区内に住する縁家の全焼を察知したという話がある。不自然に落ちた無意の一葉も、時には好個の消息ともなる。

■医学博士招聘の広告

粗製濫造の博士を見くびっての事でもあろうか、去日名古屋市の労働病院というのが、新聞紙上に「医学博士招聘、内科または小児科、優遇等要細書面また面談」との広告があった。大震災で東京横浜の医学博士が数十名いる病院または医家が全焼したのに乗じての広告であろうが、女中雇入や事務員募集の格に似たこの広告に応じて名古屋へ招聘される医学博士があるか否かは、大震災が産んだ面白い問題であろう。

■火災で変色した為替証書

横須賀郵便局で取扱った小為替証書が数日前、半狂堂へ到着したのを見れば、薄紫であるべき印刷の色が赤くなっているので、怪しみながらその裏面を見ると、ゴム版で左のごとき証明をしてあった。

「未使用保管中火災ニ罹リ変色シタルコトヲ証ス　横須賀郵便局」

これは当時火気に蒸されて紫色中の青色素が褪せて赤色素ばかりが残ったのであろうが、これも震災の変体産物である。

■焼跡の証拠品

震災前の市街家屋には、大小長短の別があり、また目標もあって捜索に便宜であったが、焼跡は貧富平等貴賤無差別の格で、同じ焦土に埋められているから、自分で自分の住宅地を知ることにまごつく者もある。東日紙には、葭町芸妓の事を記し「日常使い馴れた茶碗の定紋を見出して、ここがワタイの家だったと知るぐらい」とあった。

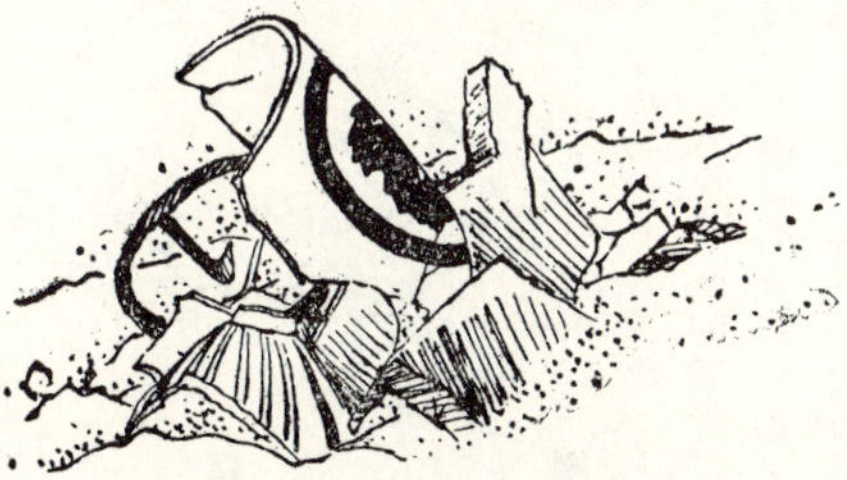

■現金に願います

唐突侵来の大震災が、一時物資供給の途を閉塞せしめたので、商取引先が急変して、従来のごとき信用上の授受売買がなく、すべてが現金制になり、したがって小売商人もまた現金仕入であるがため、得意顔馴染と否とにかかわらず、「此際は現金に願います」となった。かような変調は五十年来未だかつて見聞しなかった事実であるが、日常の生活物資などは現金なるがために少しでも廉価な方の店で購入する事になり、したがって小売店が競争的に廉売するので、震災前よりも生活費が低下するの傾向が見えている。一方商人もまたカケ倒れがないから廉価でも相当の利益を得られる。さればこの現金制はこの際ばかりでなく、永久的に継続する事にしたならばよかろうとの説もある。

■歯磨粉原料の山

本所外手町のライオン歯磨粉製造所も全焼であったが、その焼跡には他に類のない高い山が残っていた。雪のごとき純白の房州砂であるがゆえに、焼けもせず変色もしなかったものと見える。

■お化粧は御遠慮下さい

女の身だしなみの一とされている紅白粉の化粧も、震災後は中止の姿となっている。ことに家を焼かれ配遇者に死なれた悲惨の人々が往来する事の多い市街を、異性牽引の一手段たる濃厚の装飾でビラシャラするのは、社会的にいえば不節制でありまた罪悪である。麻布笄町の食糧配給所では、近傍の塀に「お化粧は当分御遠慮下さい」との貼紙をした。これは売淫婦らしい者が厚化粧をして米を貰いに来たのを誡めるためであったという。

■泥溝の水を頭に注ぐ

横浜での事である。大火当日逃げるに途なく、泥溝に飛込んで避難していた子女が、火熱に堪えず「あついあつい」と叫び出したのをつれの男が聴いてドブドロを汲み、彼らの頭に注いで一時の危急を救ったという話もある。

■結婚紹介業者の躍動

夫に死なれ妻に死なれた者の多いのを見込んで、結婚周旋屋《しゆうせん》は鰥夫《かんぶ》寡婦を結び合わさんと奔走しているという。面白い世の中である。

●軽信誤認録（乙）

■夜間通行の絶対禁止

大震後、九月七日発行の東京日日新聞に「夜間通行を禁止、午後九時より絶対に」と題し、

「福田関東戒厳令司令官は警備遂行のため五日午後九時より一般の通行を絶対に禁止する旨命令した」

とあったが、事実にはそのようなことはなかった。しかしこれは東日紙の流言浮説ではなく、軍隊の歩哨兵に対して、警戒上必要と認めた際には一時一部の通行を禁止してもよいと命令した事を誤認したのであろう。一時的の通行禁止は、日暮里、巣鴨、大塚等で行われたという。

■良家処女の売淫

立派な家の娘が、家は焼け、親兄弟には死なれ、頼る所もなくその日の生活に窮して辻淫売に出ているのが少くない。浅草寺内や渋谷辺にはそれが最も多く出没して、服装や容姿も見にくからず、中には袴を着けているのもあると、その噂が一時喧伝されたが、これは事実でなかった。しかしこの風説の起りは全くの虚構でなく、外見上ちょっとそんなに見えた事があったのだという。それは浅草の名物であった銘酒屋という魔窟がことごとく焼失したので、そこに稼いでいた私娼が、四散した先々で良家の処女らしく装って客を引いたのであるという。そしてそんな辻引は二、三日間の事で、後には警察の取締りでやんでしまった。

■朝鮮人はことごとく暴徒

朝鮮人が五百名東京へ入り込んで来て、焼残りの町家をことごとく焼払うというから、朝鮮人と見れば片端から殺してよいなどいう不穏な説が弘く行われたが、これは他の地方で逐われた鮮人が逃げて来たまでの事で鮮人の中には悪い事をしたのもあ（解説参照）ったが、鮮人ことごとくが暴徒ではないのである。しかるになんらの罪なくして民衆に殺された者も少くないと聞く。暴徒は鮮人でなく日人。実に気の毒至極な事で、軽信誤認の人罪悪であった。

■吉原で娼妓が千人死んだ

吉原遊廓が全焼で、廓内の公園に避難した娼妓が千人以上焼け死んだ。池へ飛び込んで死んだ者も多いなど伝えられたのと、また実地を見て来た者の報告によるなどで、本書の著者もそれを軽信して前回の誌上に「罹災前吉原全体の娼妓は二千六百名弱、うち千名以上は焼死し」と記したが、事実は八十八名の死亡であるという。この誤伝の起りは廓内の老若男女や廓外から避難した者等、合せて千名以上が焼死溺死したといった事実を、吉原で千名以上というのならば娼妓が千名であろうと思って、それからそれへと語り伝えたのであったらしい。

入道雲　駒込橋より見たる下谷浅草の炎上

本所の屍骨

丸善書店の焼跡

林間の理髪所（罹災床屋）　上野公園内所見

●あの人はお肴を持っている

餓ては食を択ばず。平常は珍羞佳肴に飽いていた者でも、大震後の数日間は食料が不足で、玄米飯に味噌、粥に梅干。マシな方で鶏卵か乾烏賊ぐらいの人々が多かったらしい。予は大震後の八日目に初めて本郷から神田辺へ知人の焼跡見舞に出かけたが、その時小石川春日町の公設市場に人山を築いているから、何事かと覗いてみると、塩鱒の売り出しを我先にと買っているのであった。これは珍物と予もまた割込んで、三百匁《もんめ》ほどの塩鱒二尾を案外の廉価五拾五銭で買った。それを水桶で洗って、口に縄を通し、洋傘にぶら下げて帰って来て、一尾を営業部へ分配し、ともに舌鼓を打ったが、その帰る途中で「アレあの人はお肴を持っている」とさも羨ましそうに云った者が数人あり、また「それはどこでお買いになったのですか」と予に訊いた者が二人あった。しかもその一人は上野広小路で有名な料理店鳥鍋本店（全焼）の番頭であったが、早速買いにやったらしい。平常ならば塩鱒などは見向きもしないであろうに、我も食いたいの餓鬼道観念、当時多くの人々がいかに粗食であったかを察し得られよう。

●流言浮説集（二）

■山本首相は暗殺された

何者が作った事か、新内閣組織の親任式があった当日、山本首相は暗殺された、兇漢は憲政会の壮士らしい、と真実らしく吹聴した者があった。通信杜絶の際とて問合せをする便りもなく、茨城県水戸の新聞などは、大活字使用の号外を発行し、翌日の紙上にもまたその虚伝を業々しく掲出したという。

■大本教信者の爆弾襲来

九月五日午後七時頃、栃木県生れの人見信一という者が、青山通りで「ただいま牛込神楽坂方面で大本教信者数十名が各々爆弾を携え数台の自動車に分乗して襲撃に出かけた。各自厳重に警戒せられよ」と叫び廻ったので警官に捕えられたと東日紙にあった。

■手を斬落された自動車運転手

赤坂見附を自動車で通る者を青年団員が捕えて調べると朝鮮人であったので、すぐに斬り殺し、一方運転手になぜ鮮人を乗せたかと糺問すると、麻布から新宿まで百円の賃料を払うというから、鮮人と知りながら乗せたとの答え。それじゃ今後運転手になれない様にしてやるとて、両腕を斬落して追放したという馬鹿げたウソも伝えられた。

■動物園の猛獣射殺

上野公園内の帝室博物館も帝国図書館も皆焼けた、動物園の猛獣類は解放すると危険だからことごとく射殺してしまったという流言が山の手方面で行われた。また日比谷公園内にいた鳥獣魚類は、避難者が空腹のためことごとく捕えて食ってしまったという虚説も盛んに行われた。

■大道で売る毒菓子

菓子類が一時払底で、にわか出来の菓子売りが大道でボッタラ焼などを盛んに売っていた。それを中傷する者もあった。

■軍艦で六十万石の米

食糧問題で暴動が起りはすまいかと識者連が心配していた九月二日、政府は関西の在米六十万石を軍艦に積んで昨日神戸から出発せしめた、という事を伝えた者があり、四辻にその貼紙が出、新聞の号外などにも同じ報道が出た。しかるにこれは全くのウソであったが、今回の流言中で、これが最も有益の流言であったという。そのウソのもとは政府筋から出たらしい。

亀裂内に落ちた青年画家

現代の大画伯として著名な田中頼璋先生。その次男たる頼完子もまた斯業を継がんとしての精励、この八月避暑かたがた房州の北条に滞在して、帝展出品画の創作中、突然の大震動に続く家屋の倒潰。北

条町全滅の惨状に愕き、いわゆる着のみ着のままで避難したが、東京実家の安否いかんも気づかわれるので、ただちに帰京と決心して那古町まで来ると、余震なお激しくて歩行に困る婆さんが、少女を脊負《せお》っての四つ這い、それを見た頼完子、「婆さんその子供はわしが抱いてあげるから立ってお歩きよ」とその少女を引取って二、三町来ると、またも大ゆりかえしで足許の大地が瓦破と大亀裂、少女とともにその亀裂内に落ちた頼完子。呆れて上を見ると町家が頭上に倒れている、ぐずぐずすれば蒸焼きにされそうなので、攀《よ》じべき所もない土石を崩して足場を作り、やっと少女をあげ、自分も地上へあがってみれば、前の婆さんとほか二人の男が圧死している物凄ごさ。それを後にして駆け出し、人車なく汽車なく、休む家も宿る家もない長途

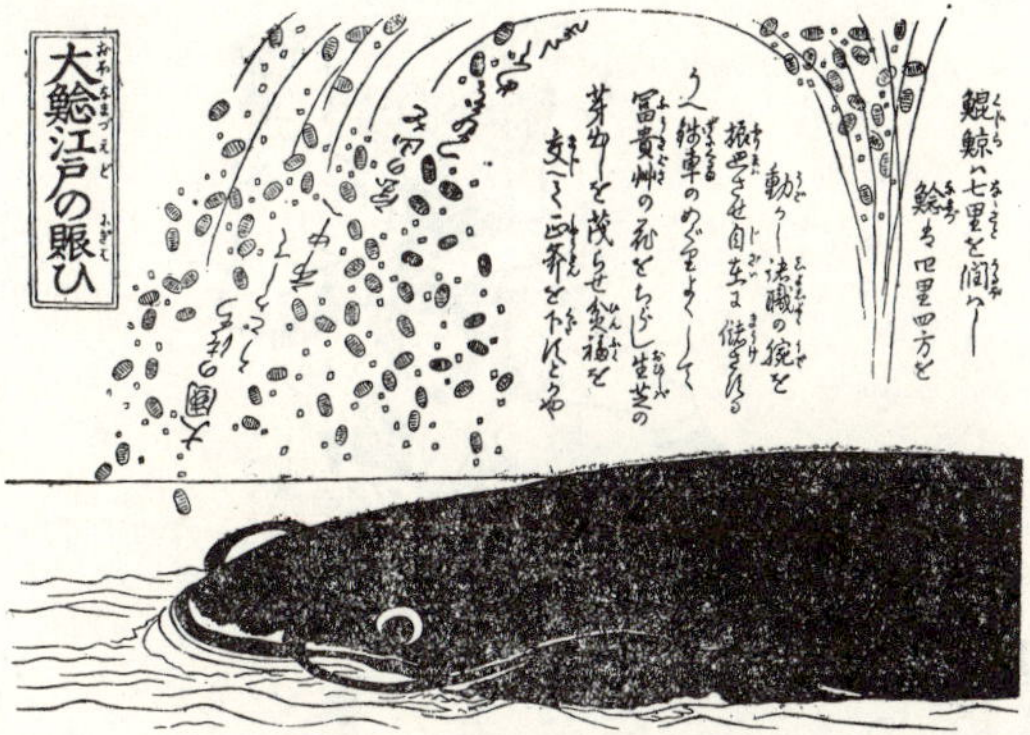

安政大地震後に版行された「鯰絵」の一

を、貰い食いしつつ昼夜兼行の徒歩で翌々日の朝、途中で全滅と聞いた東京へ着し、上野桜木町の宅へ帰って無事な両親の顔を見た時の嬉しさは、何と譬えようもなかったと、直話をそのまま。この図も頼完子の自画である。

大震害は繁昌の基

安政二年の「鯰絵」にも、大地震は世直しになるめでたき事としてある。今の人々も悲観せぬがよろしい。

この「鯰絵」というのは、愚にもつかぬ戯作が多いので、地本屋行事から版行を禁じたがなおやまず、七十日間ほど続出した。

笠亭仙果の震後日記『なゐの日並』によると、当時我も我もと版行したので、四百種ほど出来たという。

和語では「地震」の事を「なゐ」といった。足利以前の古書にはすべて「なゐ」が「ふる」とある。元来はアイヌ語であろう。

●小児を逆《さか》に負う

近刊の新聞紙上に、どこかの者が、大震にあわてて、小児を逆さに負て走る絵が出ていたが、これは古今珍らしからぬ恐慌状態である。明暦三年に出来た絵入の鴨長明『方丈記』にも、火災の時、夫婦の者が避難する様を上のごとく描いてある。

はきよせ

■写真版の絵葉書

自警団員の放縦と暴行

出来たとも出来たとも。八枚一組という無裁断の一枚物が、震後十日過ぎから二十日頃までに、安政度の鯰絵同様、何百種というほど出来た。いずれも大概同じ焼跡の写真ばかり。最初は一組三銭くらいの実費物が売価二十銭、それが十五銭、十銭、六銭と段々と値下げになっても、東京では売れなくなってことごとく田舎廻しとなった。

従来の写真絵葉書は大概コロタイプ（硝子版）であって、アートタイプ（銅版）の粗製物は絶無であったが、今回は数多く製造を急いだので、百中の九十九までは皆銅版であった。そしてその写真が皆焼跡の実景ばかりであるのは、大震大火の当時は、一般人とともにカメラ党もまた恐怖恐慌で、燃え立つ惨状を写す勇気も出なかったがためである。

■諸新聞雑誌社の臨時発行物

東京大阪の各社から特別号とか臨時号外とか、あるいは単行本式で発行した物も少くないが、その中で最も優秀なのは国際情報社の『関東大震災』号で、その製版用紙印刷ともに上等鮮明で、既刊物中の白眉であろう。新聞広告の文句ばかりが大層で、内容の粗製濫造物は、例の講談社で発行した『大正大震災大火災』である。

■愛読家よりの来信

各地から著者の許へ来た見舞状には返信もせず、いきなり『震災画報』の第一冊を埼玉県浦和局から郵送したのであった。もとよりいちいち返信するの煩を避けたのであるが、それでも筆書に優る無事報道と自ら信じたからである。これに対して同じく「焼け残り死に残り」の祝状を寄せられたお方も多かったが、その中の二、三、

△震災画報到着。よく早くこれだけのものが出来たと驚嘆しました。御無事が何より結構(静岡五猫庵主人)。

△這次《しやじ》の大難中にもかかわらず、念入りの画報。後世に伝うべき好箇の御著述と確信し候(大阪佐古慶三)。

△新著の震災画報、奇抜なる出来にて御努力のほど感服仕《つかまつりそうろう》候。将来の続刊を楽み居申し候（医学博士杉田直樹）。

△御消息なきため心痛罷《まか》り在り候ところ、今朝震災画報着。初て御無事を知り欣喜《よろこび》不斜《なのめならず》候（大阪時事新報社渡辺虹衣）。

△和紙絵入の書冊。しかも活字雑誌の何よりも先に入手したるは奇蹟であると思う。浦和局の消印など御苦心敬服のほかはない。多謝々々（前橋江原鹿鳴庵）。

このほかに美濃の医家土屋利一氏と信濃の自称ソソクリ大工下平庄之輔氏からは面白い長文の手紙が来た。その他数十通、日夜多忙でいちいちお返事はしないが、あしからず。

●職業的著述の苦楽

「働かずんば食うなかれ」という語があったか否かも知らない明治十九年、二十歳の時、筆で飯を食おうと志して以来時勢難や牢獄苦等で、尋常ならぬ辛酸を嘗めた著者。字を知るは憂患の基と古人の訓戒を諒《りよう》しながらも、川立は川で果てるという譬、今に足を洗えないで、いのち長ければ楽み多く、苦楽はなえる縄のごとしであるにしろ、本年初夏以来、一日の休養もなく、あれこれを公表したいと思ってあくせくし、もう二週間くらいでという際、ドドンガタンと来たので恐るべき大地震という実験もしたわけであるが、さてきわものとして『震災画報』の続刊、これが並大抵の努力ではない。十五日目にやっと豆腐屋の顔を見、二十日後にやっと魚屋の開店という始末で、食物激変の結果、身体に異和を来たして毎日へんな気持、それに加えて昼夜の余震は満一ヶ月後にもなお止まず、訪客に接見、来信の開披、営業部の雑用、古書購入の奔走等、心身疲労の間にいやいやながらの執筆、ろくな物の出来ようはずがない、というほどでもあるまいと自ら慰めて、例の御愛読に与りたいと思っているのが、やはりこの生活的道楽のやまないゆえんであろう。

●震災画報の事　遅速と有無

△この第二冊は十日に発送する予定であったが。挿絵製版の二日までにというのが、三日に延びてもまだ出来上がらないため、さらに他の製版所に命ずるなどで、三、四日遅れる事になった。第三冊の挿絵はすでに八、九分ほど出来上がっているから来る二十五日には相違なく発行し、第四冊以下は十日毎に発行するつもりである。
△本書の第一冊は罹災の無職者が東京市内で辻売させてくれと云って来たので、種々の和紙和装本を出版している事の広告手段にもなろうと思って、それを許したが、この第二冊

以下は印刷部数を減じ（ワイワイ連に売るため和紙を濫費するのはもったいないから）、直接に売子を出す事はやめて、もっぱら書肆で売らせる事にした。しかしその書肆が第六冊目まで引続いて販売するか否かも不明であるから、全部取揃えたいお方は書肆へ予約するか、または半狂堂へお申込みあれ。

外骨著

震災畫報

第二冊

和紙は我国民性の堕落史

和紙和装の単行本を続刊しているのは、我全国中で半狂堂ばかりである。ゆえに自ら時代逆行の旧式事業と称しているが、この時代逆行のためにいくら艱《なや》まされているかしれない。

雅俗文庫時代の和紙和装本は、ことごとく生漉きの土佐判紙または美濃紙等であったが、廉価な西洋紙におされて販路が縮小する対抗策として純粋の生漉きでなく、洋紙原料のパルプを混入する事になり、それも年々混入量を増加して、紙質が漸次脆弱に陥り、和紙業界の退化推移は一枚の紙質にも現われて、我国民性の堕落史を代表する事になった。

かかる状態である所へ、昨春来さらにまた困難事が生じた。それは印刷用としては判紙形に裁断しない判紙四枚分「四ツ判」と称する広幅ものであるが、これを印刷用とする者がなくなったので、生産地でことごとく判紙形に裁断する事になってしまった。そこで生産地へ特に裁断しないものを註文せねばならぬ事になって、半狂堂の事業は広い東京で、臨時の補充も融通もきかぬ独特の難事業に属しているのである。それであるから、本書第一冊の例言中に「本書の用紙たる土佐判紙は、幸い先月月末、『川柳語彙』、『変態知識』等の用紙として買収せしものを利用せしなり。第三冊以下の用紙は、生産地へ電報にて註文せり」と記した註文品が十月十五日品川沖着船で来たのであるが、はしけ不足とやらで、一週間後の二十三日にやっと荷揚げになった。その荷揚品が印刷所へ運搬されない間は、組版が出来上がっていても印刷に着手する事が不可能という当惑も生ずるのである。この時代逆行の難事業たる内情を諒解せずして、みだりに批難がましい事を云う者がありとすれば、それはばち当り者であろう。

●天変地異を道徳的に解するは野蛮思想なり

自然に生じた吉凶禍福、これを道徳的に解釈するのは、原始民族の恐怖から起った宗教心の遺伝で、要するに野蛮思想の発露である。

造化の大脅威たりし今回の大震災について「僥倖と虚栄とで腐爛せんとした日本を天帝が首府東京を代表せしめて大懲罰を加えたのである」とか「この天譴を胆に銘じて大東京の再造に着手せよ」とか「神様の懲らしめを忘れてはならぬ」とか云った人もあるが、我輩はそれを冷笑に附している。自ら省て天罰と信ずる罹災者があるのならば、それも愚昧の仲間であるが、家を失い財を失い父に別れ子に別れ、夫に死なれ妻に死なれた者の中には、悪人も多かったであろうが、また善人も少くはない。生存者ことごとくが善人ではなく、罹災者ことごとくが悪人ではない。しかるにそれを一律に天罰なり天佑なりとするのは、自然の不公平を無視する善悪混合の大錯誤で、自然科学を解しない野蛮思想の有害論である。

虚業家渋沢栄一が天譴説を唱えたに対し、文士菊池寛が「天譴ならば栄一その人が生存するはずはない」と喝破したのは近来の痛快事であった。

●地震学の知識概略（三）

陸上の天気予報のごとく、地震の予報が出来るものならば、我々人類はその災害を受ける事が少ないであろう、とは何人も感ずる所で、今回の大震災後にも、文化時代の学者にこの予報を発し得るだけの知識がないのは、学問の無権威を証するものであるなど批難されているが、今日までの地震学では予報を発し得るまでに進歩していないのである。

▲地震予知の程度

散漫不確定の事ながら予知の方式に三つの標準がある。その第一は「前震」によって予知する事であるが、この「前震」は四、五分間以前に起る事もあり、一日前に起る事もあり、またその震動が大震の前兆でなく、単なる小地震で終る事もあり、それを判別するだけの学説がまだないので予報を発するまでには至らない。

第二は統計上から地震発生の時期を予知する事であるが、これも平均五十年目とか百年目とかに大震があると見るだけで、何年何月と予報する事は出来ないのである。

第三の方法は地震の分布図から割出して、何地はいつ、何地はいつあったから、この次

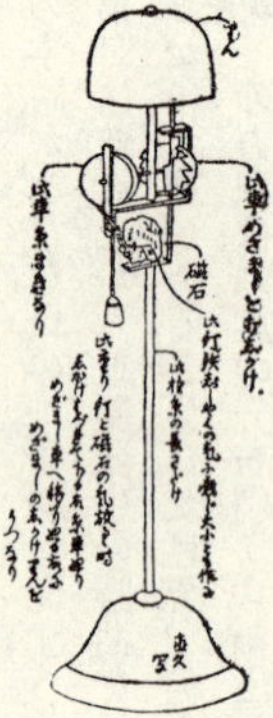

地震計全圖

には何地に大震があるはずだというまでの事。それが的中する事もあり、せぬ事もある不確定の説で、あたかも人生は五十年だから何某はここ数年のうちに死ぬだろうと予言しても、それが的中せずして八十、九十の長寿を保つ者もあるのと同じで、この次には大阪に大震があるはずだと云っても、幼児が五、六歳で死亡するがごとく、大阪よりも東京の方に再び大震が起るかもしれないのである。

▲旧式の地震予知法

井戸の水が涸れるのは地震の前兆だという説もあるが、これは地殻の乾燥で地盤の水準に移動が生ずるから、地震の前兆たる事もあろうが、単に水路の閉塞で井戸水が涸れる事もあろうから、絶対に地震の前兆とのみは見られないのである。

『安政見聞誌』には、天然の磁石が地震前後に鉄物を吸引する力を失った事があるとて、磁石に鉄物を附け置き、その鉄物が落ちればリンが鳴るように仕掛け、リンが鳴れば地震来ると知って屋外に飛出す用にしたというが、これは学説上肯定されていない。

観音霊験　妄想的俗画

浅草観音堂が焼けなかった理由としてこんな旧弊の愚図が二、三種出来ているがこれをありがたがって買う者が多い。

普通選挙制を実施されるという文化時代にもやはり愚民は絶えないものだと思うと心細くならざるを得ない。

●神ならぬ神田の不公平

「風の吹き廻し」が好《よ》かった御霊験で、神ならぬ神田区内の和泉町と佐久間町の一部が、四囲焦土の中で不思議的に焼残っている。ここの焼残りにも幸不幸の者があった。荷物を持って出てはこの騒動の中を逃げ歩く事が困難である、いのちあっての物種、身軽に限ると、着のみ着のままで飛出し、上野公園で露宿の後、帰ってみると、我家は元のままの無事、やれ嬉しやと家の中へ入ってみると、知らない人々が二、三組いる。「あなた方はどなたですか、わたくしはこの家の主人です」と述べると「あーそうですか、私どもは焼け出された者です。ここを通りますと空家があるのでとりあえず拝借していました」との答え。中には米櫃から米を取り出し、飯を炊いて食っていた者もあったという。これに反し、荷車を持っていた家では、これ幸いとあらゆる家財をことごとく荷車に積み上げ、移転同様の仕度で逃げ出したが、途中で荷車と荷車との込み合いで通路もなくなったので、警官に「荷車を捨置いて早く上野方面へからだだけ逃げろ」と叫ばれ、一命は助かったが、荷物は電車道で全焼、家はあってもまず鍋釜を買わねばならぬ者も多かった。

●旧事物の復興（甲）

復興院というのが出来て、帝都復興方針を画策していると聞くが、市民の方では、そんな画策に日をくらす様なのろまなことはなく、いち早く復興に着手して現実に実行の実を挙げている。やはり政府よりは国民の方が機敏であり、進歩であると云いたい。しかしその復興は旧事物の復興であるから、時代錯誤の復興なりとけなす者もあるかしれないが政府が震災後六十日間を過ぎても、まだ振替貯金課を復興し得ないで、多くの国民に迷惑をかけつつ平気でいるに比ぶれば、変時に処して臨機の策を運らす国民の方がいくら優っているかしれない。新旧などの問題は「此際《このさい》」あれこれと云っていられないではないか、と大層な冒頭であるが、実はその復興の事物には著者もいささかあきれているのである。

■玄米を食う

『日本米食史』によると、人々が米を搗いて食う、いわゆる「白米」にして食うことは徳川初期以来の慣例で、それ以前には国民ことごとくが玄米のまま煮炊きして食っていたのである。しかるにこの大正時代の震災当時には、東京市民八、九分までが皆玄米を食っていた。これは足利時代に復興したのである。

■井戸の水を汲む

街衢を「市井」というのは、町の中に井戸があって、その井戸へ水を汲みに来る人々が、順番のくるのを待つ間に、露店の売品を買った事から起った語であるというが、その井戸が廃止になって戸々に水道鉄管を敷設された大正十二年九月上旬、一つの井戸に数百人、ほとんど露店でも出そうな賑いであったのは、たしかに鎌倉時代頃に復興されたようであった。

■斬捨御免のお触

あまり高声では云えない事であるが震災当時、鮮人と見れば殺してもよいという御口達があったとやらで、一府三県の自警団員が憤激して罪もない鮮人を殺傷したそうである。これは昔、武士の特権であった斬捨御免と同様であるから、徳川時代に復興した事態であった、と云いたいが、実は誤解だと打消して昨今その私刑団員は検挙されているから、この項だけは打消打消。(解説参照)

■四号活字の新聞

日本の新聞紙は、最初は木版彫刻であったが、明治四年頃から鉛版の活字に変って、多くは四号活字であった。それが充実を計るとやらで旧活字を廃する事になり、大正時代にはポイントという細小活字に変っていたに、震災後有名な「時事新報」などは旧式の四号活字であった。これは明治初年に復興。

■著名役者の野外劇

「芝居」という語は、出雲のお国歌舞妓（非伎）が京の四条磧で興行したごとく、昔の演劇は野外でやったので、人々が「芝」生の上に「居」て見た事から起ったのである。その後檜舞台などという贅沢の定座も出来、野外でやるのは猿芝居犬芝居などであったに、今度劇場を焼かれたので、各派の著名役者どもが野外劇をやっている。これは桃山時代に復興した真の「芝居」である。

■大小便の垂れ流し

旧江戸時代には市街における糞尿垂れ流しは黙許であったが、明治五年新政府が制定した違式詿違条例で初めて禁止されて以来、市中で公然垂れ流す者はなかった。しかるに震災後は巡査交番所の前でも構わずブーブーシャアシャアとやっていた。これは維新当時に復興した原始民的のフン発である。

■合言葉が行われた

昔は戦争をするとか仇討をするとかいう時に合言葉が行われた。入り乱れて駆け廻ると敵か味方か判らないので、一方が「山」といえば「川」と答えるのであった。この合言葉が今度の自警団員中に行われて、怪しい男女が横町などへ入り込んで来た時、その合言葉を知らない者であると鮮人と見て捕えたのである。これは戦国時代か近くも忠臣蔵時代に復興した殺伐気分であった（解説参照）。

■電灯がつかぬでランプ

佐田介石が「ランプ亡国論」を唱えたのは明治十五年の事であったが、この舶来のランプは日本国を亡ぼさないうちに電灯に征服されて自分が亡びた。大正時代には山間僻地までも電灯流行で、若い子供はランプという名さえも知らないのであるに、大東京市中に一時トウシン油灯や蠟燭灯が行われ、またどこから来たのかランプという物がテント村やバラック町の戸々にとぼされている、これは亡国論時代が復興したおもかげである。

路傍のランプ商人（「国民新聞」掲載）

●断水当時の珍事態

大震災後、焼残った町家も水道が不通で、銭湯はもちろん、自家用の浴湯も中止であった。その間数日は冷水摩擦のほかなかったが、小石川辺で水道鉄管が破裂したため、上野方面は復旧工事が最も遅れて七日に初めて給水を得たのであった。

罹災地は今なお水道不通の所も多いが、当時罹災者はあぶら汗のほか、焼灰焼土の塵埃を全身に被っていても浴すべき湯屋がないので、汚水溜同様の濠で水浴した者も多かった。この図は「都新聞」所載の写真版によったのである。

この水道不通の当時、平常水を汲む事もない古井戸の蓋をあけて、雑水に使用する事にすると、近辺から我も我もとその雑水用と汲みに来るので、たちまちに涸渇する。およそ二、三時くらい閉塞して再び汲ませる事にしたが、あの水は飲めるようになったと評判がたつと、附近に集まっている避難者数百名が、バケツ、桶、鍋等を持って「わたしにも一杯下さい」と押かけて来る。その中に盥に水を

入れ、身体をふいた手拭を洗った者があるとて、この大切な水を濫用する不埒者、殺してしまえと叫ぶ者がある。殺すなら殺してみろとリキむ。また「おれが先だ」とか「わたしの順ですよ」とか云って前後を争う気荒男女の喧嘩が毎日絶えなかった。これは半狂堂の隣家円珠院での事である。その水汲みの通路は半狂堂の前通りであったので、日夜門前市をなした中には、喧騒外のなまめいた事もあった。それは左方の隣家波木井某というのは吉原大文字楼の別荘で、焼け出された数家の娼妓が一時五十名ほど来ていたが、その娼妓連が浴衣に細紐で水を汲みに出るもあり、また避難者中の令嬢然たる者もあり、奥様風の者もあり、紅紫黒白の巾幗《きんかく》連こもごもで、とても常時には見得られない珍図であった。

●日鮮不融和の結果

今度の震災当時、最も痛恨事とすべきは鮮人に対する虐遇行為であった。その誤解の出所は不明としても、不逞漢外の鮮人を殺傷したのは、一般国民に種族根性の失せない人道上の大問題である。(解説参照)要は官僚が朝鮮統治政策を誤っている余弊であるにしても、我国民にも少し落ちついた人道思想があったならば、かほどまでには到らなかったであろう。誰何して根もない鮮人襲来の脅しに愕いて、自警団が執りし対策は実に極端であった。

答えない者を鮮人と認め、へんな姓名であると鮮人と認め、姓名は普通でも地方訛りがあると鮮人と認め、訛りがなくても骨相が変っていると鮮人と認め、骨相は普通でも髪が長いから鮮人だろうと責め、はなはだしいのは手にビール瓶か箱を持っていると毒薬か爆弾を携帯する鮮人だろうとして糾問精査するなど、一時は全く気狂沙汰であった。北海道から来た人の話によると、東京から同地へ逃げた避難者は警察署の証明を貰いそれを背に張って歩かねば危険であったという。

●安田家の庭園焼跡

本所横網町に在った富豪安田邸の焼跡を一見して、自然が貧富無差別に暴威を逞くした絶大の力に愕いた。

赤貧野夫の身をもって一代に巨万の財を積み、俗衆羨望の的となっていた豪奢な邸宅も、震災という大威力には抗し得ずしてことごとく烏有に帰した。かかる際には財力も何等《ら》の効なくて、一族の中には焼死した者もあった。泉水にはボロが浮み、焼枝には赤い腰巻やトタン板がひっかか

っていた。いずれも旋風に捲上げられた物であろう。

●予想に反した事

大震災は予想しない大惨状であったが、この震災当時、人々が予想していた事に反した後日の現象が幾多もある。その中で最も著しい事は、諸物価が暴騰して世間が不景気になるだろうと、何人もが云っていた事であるが、政府の政策と人心の緊張とで、その反対の現象を呈し、むしろ従前に優る好状態と云って可なるほどである。なかんずく最も景気の好いのは焼残った新聞社であろう。

(一) 諸新聞社の営業部繁昌

全焼の新聞社は云うまでもなく大痛撃であったが、焼残りの新聞社も一時は茫然として、震災が鎮まっても、かかる大火大害では、銀行会社商店等の営業的広告は当分出ないであろう、唯一の財源たる広告料が取れねば、新聞代を値上げするよりほかないときめて、すでにその値上げをして、一銭のものを二銭、二銭を四銭にしていたのもあるが、さて発行してみると、尋ね人の広告や避難先の広告依頼が殺到して広告係の机上に原稿の山が出来、三週前に頼んだのがまだ出ないのは何ゆえぞと怒鳴り込まれるほど。それにあとへあとへと押しかけて来る広告依頼。「来月中旬頃でよろしくば載せましょうが、お急ぎなればお断りします」との挨拶。そんなに遅れるのならばほかの新聞へとなだれ込んだので、復活した不整頓不完全極まる新聞社の方までも大繁昌である。そして広告料は従来一回も広告を出した事のない素人が多いのであるから、ボルのはこの際とばかりに、従来は一行三、四十銭くらいしか取れなかった新聞社が一行一円二十銭に値上げしたのもあった。その後も相変らず御見舞を謝すとか、震災で死亡とか、事業復旧とか、写真画報とかいう広告が続々と出て来るので、昨今の新聞社営業部は大ニコニコである。

(二) 罹災者の電車賃

復活した市街電車は、開通後二週間ぐらい「罹災者無料」の札があったので、罹災者でない連中までが罹災者顔してただ乗りをし、その後は証明書のある者に限って無料となった。その当時罹災者は半永久的に無料乗車ができ得るものと予想していたが、証明書の効力は一週間経ぬ間に消失して、他の乗客同様、同一運転系統内だけの乗車賃が一回五銭となった。それで駒込辺から麻布へ行くには、途中三、四回乗換えねばならぬので、乗換えごとに五銭を徴収される事になって、以前は往復十五銭で済むのが今は四十銭取られる。これも予想に反した事であると罹災者の一人が云っていた。

見聞雑記 （三）

■あけた金庫から火

耐火用の金庫でも、火災後まだ熱気の去らないうちに開扉すれば庫中の物品が燃え立つという事は、金庫所有者のあまねく知る所であるが、それを知りながらも、もうよかろうと、早く開けたがために火になった例が、今回の災後にも各方面にあった。本職の盗賊が見張人のいないを奇貨として、容易ならぬ労力で破壊し、通風とともに火になったのも少くないという。これも盗賊どもの方からいえば予想に反した事の馬鹿馬鹿しい一つであろう。

■慢性の病気が平癒

「右や左の御旦那様、この憫れな者をどうぞお助け下さい」と叫ぶ躄が、にわか雨の際、その車を背負って走り去るという話とは違うが、永々床に就いていた慢性の神経痛患者や、リューマチ患者などは今度の大震動に愕いて逃げ出したのがもとで、その足腰が立つように平癒したのもあるという。病は気でも治るが、また緊張した気分が病を治す機会にもなる証明事である。

■米国人が描いた大火見物人

桑港《サンフランシスコ》のクロニクル新聞に今度の東京大震災を報じ「日比谷公園から見た猛火に包まれた警視庁」という電話写真とやらいう絵を掲出していたとて東日紙が転載した写真版を見ると、その見物人の後ろ姿にこの絵のようなのがある。羽織の背にハッピのごとく「〇金」の大字を描いた所がオモシロイ。

●武装した焼死人

「横浜市役所で市内各所に散在している屍体の取片付けをやったところ、天神坂の数ある屍体の中から不思議な屍体が四つ現れて大騒ぎをした。というのは、この四つの屍体は、いかめしい鎧に大小をさし、まるで昔の戦場の後にでもありそうな事なので、誰一人不思議がらぬ者はない。たちまち黒山の人を築いてしまった。いくら戦のような騒ぎとはいえ、家宝の鎧櫃から取出して着たのでもなかろう、一体どうした訳だろうと不思議がった。ところがこの大震当時横浜の喜楽座では一番目の「曾我」の十番斬りという所であった。団之助の五郎と紋十郎の十郎、菊太郎以下の連中が雑兵となって大立廻り、やっと終って木が入り幕を引こうとする刹那、例のガタガタガラガラの大騒ぎで、お客も役者も上へ下への大騒動。楽屋の連中も舞台の連中も夢中にかけ出してしまった。伊勢佐木町の大通りは軒を揃えて皆ぶち倒れ、もうそこここに火の手があがって一分の猶予も見つからない。鎧や大小を取っている暇なぞあるはずはなく、ドシドシ水道山へ逃げ込んでしまった。そのあとは横浜全土が火の海となって、一座の者がどう逃げて、どう避難しているものかさっぱり判らなかったが、やっと火が落着いてから荒二郎をはじめ大体打揃って無事を喜んだが判らない者が四人あった。その四人は雑兵に扮した文蔵、文四郎、勘蔵、要蔵であったか、天神坂に鎧をつけた四つの屍体が現れたというので、早速見に行くとすっかり黒焦になって誰だかまるで見当がつかないが、多分この四人だろうという事になったとは悲惨な話」（都新聞）

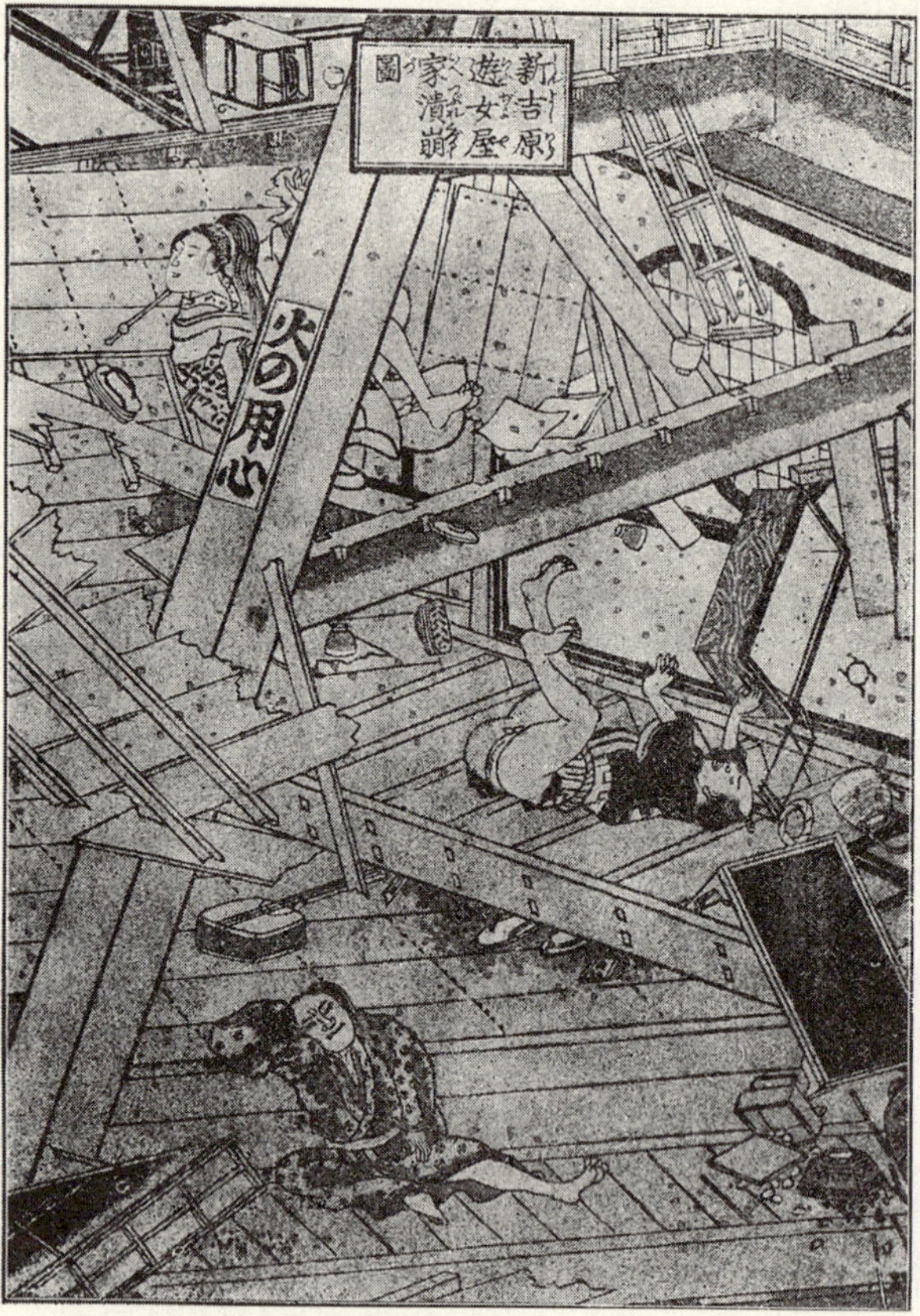

古今同型の惨状　安政見聞誌

大正震災の彩色石版絵

●石版印刷の彩色絵

大震災の写真は、絵葉書、雑誌、単行本等に、同種異種のものがおよそ三百あまりも出たが、その中に一種の異彩を放った俗画は、彩色石版の大判絵である。明治二十七、八年頃、日清戦争の当時多く出来た式のもので、これも「旧事物の復興」の一であろう。刺戟の強い毒々しい濃厚の彩色であるから火事跡見物に来た無学無知の田舎漢には恰好の土産物として多く売れたらしい。

復旧物としての奇異な絵であるから、試に二葉を写真版にして掲げる事にした。あまりに彩色が濃厚なため、版面が朦朧暗黒で判明しないが、一尺五、六寸くらい隔てて熟視すれば幾分かオモカゲが見えるはずである。

●大儲けの日本銀行

今度の震災で直接間接に損をした者は何百万人というほどであるが、その後暴利を博した地震成金は別として、震災その事のために儲けた筆頭は日本銀行である。それは大火のために焼失して跡形もなくなった兌換紙幣が、少くも三千万円以上であるから、それだけ日本銀行が儲けたわけである。

電話線を渡る罹災者

大震後の九月三日、吾妻橋を渡って本所押上へ仕復した人の実験談による。

当時はまだ仮板張もなかったので、電話線を踏んで渡ったのであるが、あたかも木曾の葛橋を渡るように左右へフラフラと動くので、老人や女は四ツ這いになって渡った。その橋下の水面を見ると、溺死した数百の屍体が上げ汐に押流されており、橋杭には筏のごとく屍体がひっかかっているので、イヤな気持であったという。

●鯰が地震を起すという俗説

千葉県下の姉ヶ崎町にある用水堀にいた多くの鰻が、震災前にことごとくどこかへ逃げて一尾もいなくなったという事を記した「東京日日新聞」に「鰻は鯰の仲間だから通信でもあったのだろう」と見えていた。今の新聞記者までが地震は鯰の所為だと信じているのではあるまいが、この説は古くから一般に行われていた本邦の俗説で、安政度の震災後には四百種ほどの「鯰絵」が出たくらいである。さて何によってこの俗説が起ったのであるか、いろいろ調べてみても一向判《わか》らない。ある古書に地震の時は雉子が鳴き鯰がはねるとあり、また『安政見聞誌』にも「地に変動あらん時は、まず鯰の騒ぐ事あらん、この因により地震を鯰なりといいもし画にもかく事ならん」とあり、田舎の古老談にも「地震の時には一丈くらいの水底にいる鯰でも水面まで跳ね上るものです」という事を聞いた。このはねるのは鯰が喜んではねるものと見て、誰かが妄説を作ったのであろう。

支那や台湾では、地の下に大きな牛がいて動かすのだという俗説があって、大亀裂の時、その谷底に地牛の尾が見える事もあるなどの虚説が行われたと云う。

以上記述の後、「国民新聞」に左の一節が出た。地震の時、鯰がはねるという事は確実であるらしい。

「大震災の前日、木下成太郎氏が赤司次官と大東文化協会の事を議していた。何分にも残暑に耐え難いので、向島の水神に出かけて午涼を納れていると、頻《しき》りに池中に潑剌の声がする。女中に鯉でも跳るかと聞くと「いえ、この間から鯰がむやみに跳るのです」と答えたので熟視すると、いかにも鯰であった。その時は格別意にも掛けなかったが、翌日あの大地震でアッと思うた。その後岸浪静山にその話をすると、同人は帝展の出品に鯰の写生をすべく、二、三尾大きな鯰を盥に飼うておいたが、これもはね廻って困ったという話。濃尾の震災前に鯰がよく釣れたという事実もあるし、安政見聞誌にも嘘か本当か、安政大地震の当日深川の某という男が、鰻取りに出掛けたところ、鰻は取れずに鯰ばかり沢山取れたので、大地震を前知したという話が載っている。自今日比谷の池に鯰を飼っておいた方が地震学者にたよるよりもよほど確かもしれぬ」と。

鯰が地震を予知するとか、よく餌に付くとかいう事は、科学上の疑問であるが、はねるのは前震を感知する事が人間よりも鋭敏な本能力を具えているがためであろう。

●赤旗の立つ爆破

箱根山には狼が多くいたのであるが、明治十七、八年頃にはその狼が一頭もいなくなったという。それは東海線の鉄道工事で線路またはトンネル開鑿のため巨巌大石を破壊するのにダイナマイトを使用し、毎日あちこちに起る爆音が全山を震撼せしめたので、狼連が大恐慌を起してどこかへ逃避したのであるという。この爆音が今度東京市中（実は焦都）で毎日起ったので、平時の狼連ばかりでなく、狸親爺や古狐、犬畜生までをも脅かした。

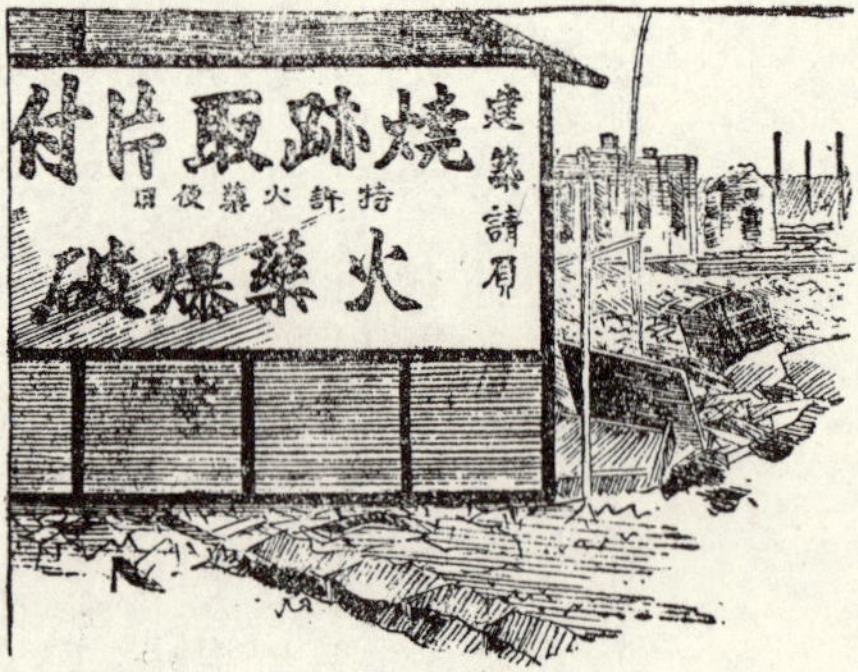

日本式で建築した家屋の焼跡はさっぱりしているが、鉄筋コンクリートの洋式家屋が焼け落ちた丸善書店の跡などは実に見るも醜態で手も附けられぬ惨状であった。この手も附けられぬ焼跡の整理、すなわち破壊のための破壊でなく、建設のための破壊で、火薬爆破の請負という新事業が起ったのであった。有名な浅草十二

階の残骸も、白昼見物人環視の中でグタグタに破壊された。この図は破壊当日その弥次に加わった画家の実見図である。

●鹿島の要石

「鯰絵」に神様が大鯰を押付けている絵がいくつもある。これは「ゆるぐともよもや抜けまじ要石、鹿島の神のあらん限りは」という古歌にもある下総鹿島神社の要石は、奈落の地軸から生えている石であって、建御《たけみか》雷命《ずちのみこと》という神様がその要石で押えているから地震は起らないという俗説によって描いたものであるが、事実は鹿島でも大地震のあった事が歴史に見え、建久二年十二月二十二日子の刻に、鹿島地方が震源地であったらしい大地震の事が出ており、またその前後鹿島地方に強震があって、社殿の破

損した事を記してある。また今回の大地震にも同地方へ震波を及ぼして強震程度であったのである。

しかるに右の根拠なき俗説を利用して一儲けせんとした詐欺的会社が同地方にあった事が近刊の『科学画報』に出ている。

それは鹿島の土地会社が、今回の震災後新聞に「鹿島の地は古来地震なきをもって知らる。現に今度の大地震にも当地に滞在しておられた五島清太郎博士は、地震のあった事を知らず、東京からの通信で初めてこれを知って帰京されたほどである。別荘を造るなら鹿島の地に限る」といったような大広告を出したが当の理学博士五島先生は地震を知らないどころか強震を感じたとの直話であるから、右の広告は全くの虚偽だと云うのである。

さて鹿島の要石が地軸から抜け出ているというのもウソで、例の生殖器神金精様の男根石を土で隠してあるのだという。

●昔の消防総長

延享四年に版行した江戸消防組の番附中に、今の警視総監格で出馬した町奉行の装束を記してある。

はきよせ

■栄華の夢

近刊の「改造」に青木得三子が「九月一日の震災は帝国劇場、三越呉服店を東京から奪った。帝劇の筋書の裏に「今日は帝劇明日は三越」と記された文句は、常に私の反感を唆った詞であったが、今は昔の夢となった」と心持よげに書いてあった。我輩も同感と云いたい。

しかしこの抹殺されたのは現在と未来を対句とした語であるが、震災のために過去と現在との境遇が違った者も少なくない。華族榎本某が焼出されて一夜芝生で野宿したなどの類は、栄華の夢の醒めた大なる一例であろう。野宿で玄米を貰って食うた「昨日の紳士、今日の乞食」状態であ

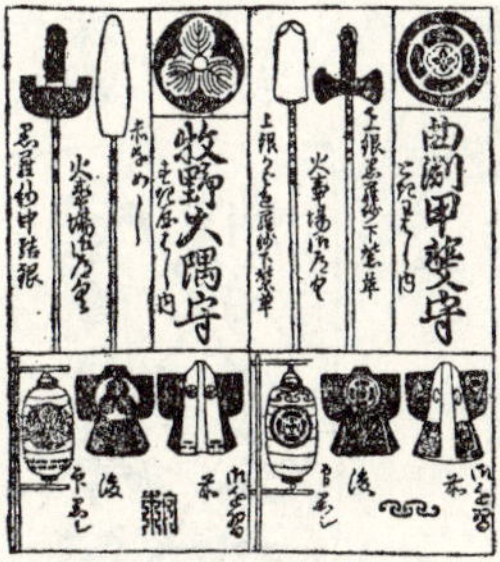

った者は数十万であるが、常に恐喝取財で贅沢な生活をしていた立憲労働党総理山口正憲という奴が横浜で掠奪をやったなどは、「昨日の志士、今日は強盗」で美人の妾などを置いていた栄華の夢は、その後刑務所で醒めているはずである。

抹殺された

榮華は夢幻

東京市の復興という中には、帝劇の再築も三越の復旧も含まれているようであるから、追っては「今日は帝劇、明日は三越」の広告文句を再び見るに至って、青木氏等のごとき人々の反感を唆るであろう。

■児童の遊戯

好奇心と摸倣性に富んだ子供は、その後の遊戯に自警団の真似と避難の真似をする。そして朝鮮人になる事はいかな子供でもイヤがるのを強制的に割当てそれを無暗に打つので、遊戯上の朝鮮人も不幸な役廻りであるそうな。（解説参照）

■剽軽文句の不羅災通告

当代の奇人、米国伯爵と自称す不逞漢、山崎氏から去月左の印刷葉書が来た。

「今回の事は実に何とも申し様がありません。貴家はいかがでしたか御安否を伺います。まさか自分自身がこんな歴史上の事実に遭遇しようとは夢にも思いませんでした。私は

家族とともにちょうどその時相州茅ヶ崎にいました。他の家はことごとく倒れたにかかわらず、町一番軽便簡易の家だけあって、私の借家のみは倒れませんで、一同無事に助かりました。安物買の生命拾とはこの事でしょう。地震鮮人火事海嘯（解説参照）と随分苦労はさせられましたが、別段心配もなく、有志をついて役場や警察を煽動し、物資の調査、奸商の征伐、患者の収容、町民の大会等を企んでいました。事務所丸焼の確報に接しては、いよいよ新規蒔直《まきなお》しとまず欣喜雀躍しおもむろに計画を立てて直に八日帰京致しました。焼跡へ行って見るとあにはからんや事務所は丸残り、私はかえって倒壊海嘯もつぶの流言蜚語で死んでいました。悪運拙く焼太らずといえども、天恩豊かに生残って見れば、せっかくの予定に少なから

ず狂いが生じ多少落胆は禁ぜずとも、結局これも天佑と諦めるのほかなく、よって今後は従前通り、報恩的にかつは今日の場合やむを得ず、ますます軽便、親切、熱心を、モットーに、真に専心専門百般の法律事務をとりもっていささか生活の資に酬ゆる事に致しました。ついては貴下においても相変わらず倍旧の御愛顧をたれこの上御引き立をひとえに願い上げます」

大正十二年九月　　　　弁護士　　山崎今朝弥

他が摸倣し得られないひょうきん文句。ことに地震鮮人火事つなみの新語は、後世にも伝うべき今回の脅威史になくばならぬ標識であろう。（解説参照）

■逓信省の緩漫

東京の郵便振替貯金課は、震災後六十日を経過した今日まだ復旧しない。その理由は当日書類がことごとく焼失したからであるという。銀行会社で帳簿を焼失したのは皆無に近いそうな。それは直接に利害関係があるのでいざという際にいのちがけで持出すからである。官の役人などは自己の財産でないから、貴重の観念も諸人の迷惑という事も顧みず、各自が手ぶらで自宅へ駆付けたまま、何一つ出しに行く者もなかったがためであろう。これも糞腹の立つ一つであるが、なおそれよりも癪にさわるのは、復旧事務をまだ開始しない事である。いずれ何とか口実はあるだろうが、個人経営の事業でも機敏に復活しつつあるのに、何百人の者がいる大役所で、振替貯金くらいの事務が開始し得ないはずはない。原簿が焼けて払込振出しが不明なれば、それは一時打切っておいて、さらに新口座を開始してもよいはずである。しかるに近頃やっと保証人を立てて届け出ろ、偽りを書くと詐欺取財罪として罰するぞとおどし、その復旧開始は来年の三月頃だろうなんど云っている。これも官の役人は俸給（国家の税金）を貰って生活している者であるから、早く開始してもせぬでも自己に何らの利害関係がないから、毎日閑談と愚評定ばかりしているがためであろう。

●呆れた運輸の不敏活　大延刊の理由

先月二十四日附の印刷葉書で、加盟員諸氏へ『川柳語彙』の事につき「九月中旬土佐へ註文せし用紙、ようやく昨日着荷、直に印刷に着手、今月中に製本、この用紙延着のため『震災画報』第三号も少々延刊云々」と通知したが、大あて違いであった。右の「昨日着荷」とは十五日に品川沖へ着した船から二十三日にやっと荷揚げになったと聞いて、取急ぎ発信したのである。しかるにその着荷は住友倉庫で順番に渡すという事なので、毎日毎日催促したが、八日後の三十一日になってやっと請取ったのである。あまりののろくさに腹も立ったが、例の「此際」とばかりで押答えもなく大遅延。加盟員諸氏に対してうそを申上げたような軽卒の次第、平に御免を蒙る。この第三冊の印刷了後、引続いて『川柳語彙』の印刷、製本発送は十日頃の予定である。

右の着荷で『震災画報』第六冊までの用紙には欠乏しない。

外骨著

震災畫報

第四冊

●復活せし著者

本誌の直接購読者諸子に対し、去日左の葉書を出した。

略啓、大震災の脅威に加うるに不眠不休の自警団長、つづいて画報の編輯発行、『川柳語彙』の復興、出版総目録の調製等、緊張した勇気で日夜壮者を凌《しの》ぐ活動を継続しましたが、十一月上旬、少しく気分が弛んだと思う頃、いわゆるくたぶれが一時に来たものと見え、頭脳ぼんやり、身体に異和を生じて筆執る元気失せ、病床に寝たり起たり、幾日経っても同一状態なので、多事多用を顧みず、四、五日遠足でもすれば快癒するであろうと、

先月下旬、震災後の状況視察を兼ね、相州小田原から豆州熱海への海岸線七里の行程を八時間で徒歩し、三、四日間滞在して入浴遊山、もはや元気回復と信じ、今月三日帰宅して早速机に対しましたが、原稿二、三枚を書き得たのみ、またも旧態以上の不快で、来客接見ものうしく、家族も心配するので、なお一週間ほどどこかの海岸で静養の上、今月中に『震災画報』の第四号と『変態知識』の初号を発行し、来一月と二月には両誌を各一冊ずつ発行するつもりであります。

右延刊の御断りまで、悪しからず御覧察御寛恕を願います。ただし営業部の方は若者が二、三人がかりで、事務は遅滞なくやっております。

大正十二年十二月八日

半狂堂主人　廃姓外骨

さてその後は海辺へも行かず、自宅にいて隔日くらいに綾瀬川へ鮒釣りに出かけましたが、それで追々気分が好くなり、編輯にも着手し、過る十七日には、上野精養軒で知己藻城子が開催した「日本及日本人」の政教社員慰問会に援助役として出席し、偽人物三宅雪嶺こきおろしの罵倒演説をもやり得たほどの元気復活ですから、御安心下さい。

この第四冊は十二月二十日の原稿締切、二十一日より二十六日までに『変態知識』初号の原稿をまとめ、二十八日中に全部刷了し、新年一月一日の発行として三十日に

直接購読者諸氏へ発送する予定になっています。『震災画報』の第五号は一月十五日発行、『変態知識』第二号は二月一日発行とする予定ですが、右の初号を今月中に発送する事にせねば、この予定にくるいを生ずるから、ぜひ一月一日に発行すべく昼夜大努力でやります。もし何らかの故障を生じてこの予定のごとき実行が出来なければ、一月六日でなくば印刷所が始まらないのであるから、初号の発行は一月十日過ぎになりますが、首尾よく一月一日に発行したならば、ヤンヤの御好評を願います。

ここでちょっとお断りを申上げます。『震災画報』の方は、その後震災気分が追々薄らいで来るので、筆もしぶりますが、『変態知識』の方は七月頃からの企図で、

第四冊　大正十二年十二月二十五日発行

しかも『川柳語彙』発行後は一層油が乗ってきているので、原稿も面白く書き得られるであろうと自信しています。

●面を背けてうそぶく理由　火災保険会社と罹災民との問題

社会相互扶助策の一として火災保険会社というものが出来たのであるが、元来営利的事業であるがために、一時に多額の保険金を支払うのは、会社の存立を危くする事であるから天災または戦乱による被害には保険金を支払わない規定を設けている。しかるに今回の震災被害は古来未曾有の大惨事であるから、例外として保険金を支払えと会社へ要求するが、会社は規定を楯にして応じない。また応ずるだけの金もない。今その理非曲直の批判論は別として、被保険者のこの心事には笑うべき点、否、憫むべき点がある。

会社は外国の例に倣《なら》って自己防衛の規定を設けているのであるが、保険申込人はその規定を承知の上での契約である。しかるに突発せる大事変に呆れ愕くとともに、保険金を貰えば復活も容易に出来得ると思って、半強談的に要求するのであるが、この一事について忖度《そんたく》すれば、保険契約者は今回のごとき大震大火の変災が起ろうとは夢想だもしなかった事が確かであり、保険会社の方はいつ起るかも知れぬ事と予期していたのであるから、保険会社は地震学者や建築学者などよりも先見予知の明、否、用意周到の智があったものといえぬ事もない。

●地震学の知識概略（四）

■地震のあるのは地球に活気のある証拠

人々が地震を畏れるのは、生存慾から出る当然の感情であって無理な事ではない。しかしこれを大きく考えて見れば、地震のある間はこの地球に人類が生存し得られるのであるが、地震がなくなれば人類はもちろん、生物はことごとく死滅せねばならぬ運命にいるものである。それだから恐ろしい地震のある間は、まだ我々が死滅すべき地球の最後に遠いものとして大きな安心をせねばならぬのである。

かえって説く、それを天文地質の学者が推究した学説によって説明するとこうである。そもそも地球の成立はいかがであるかというに、火塊たる太陽の破片が飛んで月の世界や地球が出来、その破片が廻転している間に空気にもまれて円くなったのである。それで最初は月世界も地球も火のかたまりであったが、その外部が漸次冷却して皮が出来、地殻が出来、凹所へ空気中の水分が溜って湖海になったのである。そして現在は地球の中心が火塊であって、時々火山地震を起したり地殻の陥落や断層のために地震が起るのである。ゆえにどこの火山も火を吹かなくなり、地殻の陥落や断層がなくなれば、それは地球の活気がなくなった事になるのである。地球に活気、すなわち火の気がなくなれば、生物は生存し得られないで、動物も植物もない礦物のみの死骨世界に化するのである。月世界はすでにそれだとの説もある。この学説によって考えて見ると、畏ろしい地震の起る間は、地球に活気が存する証拠であるから、我々は生存し得られるのである。それでその地球死滅の期は何万年の後であるか、何千年の後であるか、それは今日の人智で予測し難い問題であるが、近い将来、百年や千年の間にその死滅の期が来る様な事のないだけは各国の地震歴史によって推究し得られる事であるから、まず我々後の十代や二十代間は大きな安心をしていられるわけであろう。

ちなみに云う。この地球について、仏教では無始無終とし、基督教では有始有終としているが、そのいずれが当然の説であるかを考えて見るに、宇宙（すなわち大空間大時間）は無際無限、無始無終であるが、この地球は有始有終であるとするのが科学上正当の事であろう。太陽に黒点の生じたのは太陽の一部分が燃焼し尽して土塊となっている影であるとの学説もあるくらいだから、絶対神秘的の太陽をも学者は有始有終のものと見ているのである。

陸上に海魚の潑剌

伊豆、相模、安房の海岸は、大震後十分間ほどの時、大津浪に襲われたのであるが、当時安房の布良港相浜に滞在していた某氏の談によると、その物凄さは言語に絶したものでゴーゴーの響きとともに山なす泥浪を押し上げ来り、大巌石を転ばし、船艇を破り、石垣を飛ばし、電柱を倒し、人家を木っ葉微塵に砕いて草屋根を残すのみの暴状、田中に汽船が横たわり、屋上に章魚《たこ》が這うなどの奇観もあり、野壺の中で黒鯛がはね、庭の隅を海老が歩き、畠に蛤、樹に鰻、浸水のみで流失を免れた高所の家内では、戸棚の中から大蟹が出たという異常な事もあったという。

当時避難者は家とともに食物を流失したので、

米麦の代りに畑の薯を掘り、また四辺に散らばる海魚を捕り、それを煮焼して二、三日間露命をつないでいたそうである。

伊豆の熱海町も海岸にあった三百軒ほどの人家は、二丈あまりの大津浪にさらわれて影もなくなったが、ここでも浸水のみで取残された人家があって、十日ほど経た後、何だか臭い臭いと人々が云うので、その出所を検べて見ると、椽の下に大きな平目魚が死んでおり、それが腐って臭気を放ったのであったという。いずれも山国の人々には夢想だもされない事であろう。

「福興焼」(国民新聞所載)

●旧事物の復興(乙)

■貼紙のお触れ

震災当時は『官報』を発行せず、郵便の開始もなく、区役所の小使も休みなので、諸官署の告示や禁令は塀や壁、高札などに貼付されていた。これは江戸時代式の復興である。

■物々交換の事

所持金を落したとか、持たなかったとかの避難者中には、携帯品を食物の代償として一時空腹をしのいだ者が多かったそうである。これは貨幣制度のまだ行われない物々交換時代が復興されたような事である。

■飛脚を立てる

電報電話はもちろん、郵便も休止なので、要件はわざわざ飛脚を立てる事になっていた。営業的に町内の使い走りを専門にしていた者もあったという。これは徳川時代の飛脚と「文屋」の復興である。

■矢立という物

近世は万年筆流行で旧式の筆墨を携帯する者はなかったが、震災当時おおいに行われた尋人の貼紙は万年筆の細字では人々の目に付かないので、我も我もと腰に矢立《やたて》を挟んでいた。これも旧物の復興。

■徒歩の往復者

都会人は五町か十町の短距離間でもすぐに車に乗ったが、電車不通汽車不通の際には、五里十里の長途をも徒歩で往復した者が多かった。これも明治維新前の状態復興である。以上のほか、東京市内にエンダラ馬車や早船という交通機関、薪炭使用の野天炊事、原始的の仮小屋など、旧事物の復興はまだ多くあるが省略す。

●樹下石上の産児

神功皇后は征韓の途上、お産を祈願によって中止されたという神話らしい曖昧の記事が歴史に出ているが、普通の女は生理上産期を延ばす事は出来ないもので、いわゆる出もの腫物所嫌わずであるから、大震の当日九月一日の夜、上野公園内に避難していた妊婦中、一夜の内に七十名の妊婦が産気ついて児を産んだそうである。

これは幾千の妊婦中、当夜産期に接していた者が七十名あった結果ではなく、過半は偶然の事象が産期を早めたものと見ねばならない。それでこれを生理学的に考察を下すと、堕胎の薬用的主要手段は、子宮壁を収縮せしめる方法によるのであるが、過度の精神興奮は子宮を収縮せしめるとあるから、震災の恐怖心が産期を早めたのであり、また高い処から飛降るとか、路を走って子宮に震動を与えると堕胎するものであるから、それと同様に、大震に愕《おどろ》いて二階から飛降りたり、大火に恐れて駆出したなどが、多くの妊婦に産期を早めしめたのであろう。

それから、既往の統計によると、人口約二万につき一日の産児一人の割合であるというが、大震当夜上野公園内に集った男女老幼の避難者はおよそ五十万人ほどであったから、前記の産婦七十名の内、二十五名は常態時であっても同日に当然産出すべきもので、事変によっての早産者は四十五名であった事になる。

さて右の産児に名を付けるに、九月一日の大震を記念すべく「九一」とか「震吉」とか、女の児には「ゆり子」あるいは「しん」などとしたのが多いそうである。

●自警団員の用心棒

『猥褻風俗史』の「神体」の条に「石器時代の雷槌といえる物も男勢（陰茎）を形どりたるものならん」と記したが、浦和地方裁判所で開いた熊谷自警団員の暴行事件公判の際、証拠品として「法廷に種々様々な凶器が積まれた内、道祖神の御神体だというい かがわし

い石の棒や摺木などもあった」と東日紙に見えたが、これは雷槌の事であろう。

●救護班の名で救護さる

「医者よ自らを医せ」ではなく、救護班の名で救護された者が震災当時に少なくなかった。それは関東各地に自警団があって、中には無暗に暴行を加える者が多かったので、誤認を避けんとした応急手段であった。

当時市街または焼跡を通行している者に「三井家救護班」とか「警視庁救護班」とかいう肩章や腕章を附けていた者が多かった。その中にはホンモノもあったが、過半は私用で外出するに、無章では危険であるからとて、救護班の章を貰って身に付けていたのである。

当時大阪から帰京した人の直話に「わたしは大阪毎日新聞社救護班の章を貰い、それを腕に付けていたので、途中無事であったばかりでなく、おおいに優待されて自動車のロハ乗りもできました」と云っていた。

また近県下から震災後東京へ来た団体連中は大概「何々県救護班」という旗を立てていたが、この中にも何ら救護の事を実行しないで、単に焼跡を見廻るばかりの者も多かった。これは救護班の名を利用したというよりもむしろ濫用したイカサマ者である。

●溺死者の所持金品

「水上警察署で震災以来収容した溺死体は、九月十五日までに二千四百二十八名の多数に上り、うち身許判明して引取ったものが百十二名。身許がわかっても引取人のないものが百四十八名。残り二千百六十余名は無縁仏として、区役所の手で埋葬された。溺死者全部の所持品は、現金一万八千円、金指輪六十五本、金時計二十四個を筆頭に、保険証券十四枚、債券三十二枚、預金通帳百八枚という多数である。寺坂水上署長の談によれば、溺死者の総数は約一万人の見込であるが、一部分は陸上警察の手で引上げ、水上署は船便のある個所だけの死体を収容したに過ぎぬが、その後も毎日四、五の溺死体を発見収容してい

る」（東京日日新聞）

右の現金でない物品を代金に略算して、金指輪を平均十円、金時計を平均三十円、債券を一枚十円と見、それに正金を合せて約二万円である。一人平均の所持金品が十円に足りない、危急避難者の携帯高としては僅少に過ぎるが、これは水中で懐中物を流失したのも多くあり、また浮動中横着者に窃取されたのも少くはあるまい。近頃渋谷辺や牛込辺の茶屋で豪遊する怪しい人物中には、焼跡の貴金属さらい、震災当時の遺失物拾得者も多かろうが、溺死者の所有物を掠奪した者も少くはあるまい。

懐中へ千円の正金を入れて両国橋へ避難した者が、両方から火炎に責められて川中へ飛込んだ時、同じく飛込んだ無数の人々が袖や裾に縋り付くので、共死を免れないと見て懐中の金も捨て、丸裸になって泳ぎ脱けたという話もある。

●雅趣ある焼け老樹

「山王台所見」と題して「報知新聞」に右の写真〔一三三頁〕が出ていた。枯枝にも雅趣が存しているのでその生前を偲ばれる。

●火災除に女の腰巻

西巣鴨の畔橋亭と号する人の寄書に「大震の翌日九月二日の夕方、上野広小路あたりに火が附く前、商家の屋根で多くの人々が手に手に腰巻を持って振っていた。また巣鴨の夜警団員がある日炊事の煙を失火と誤認して「火事だ火事だ」と叫んだ時、商家のおかみさんが、自分の腰巻を外して一生懸命に振るのを目撃した」とあった。

また同じような事が十月十三日発行の「都新聞」と同二十五日の「東京朝日新聞」に出ていた。

「麹町の火事が盛んに延焼した際、六番町の某元帥の物干場に一人の男が上ると見る間に腰巻らしい白い旗が翩翻《へんぽん》と飜った。間もなく向河岸の富士見町某侯爵家の屋根には赤い旗

が火風にひらめいた。これを見た野次馬の評がよい。「なあんだとんでもない時に源平合戦が始まってらぁ」。ただしそのお蔭かどうか知らぬが両家とも類焼を免れた」（都新聞）
「大火災と腰巻の話というのがある。東郷坂の小原内匠頭邸であの大火災の時だ。主人は留守、火の手は猛烈を極め同邸所有の長屋はすでに火となった。家人の心配一方ならず故知の説を汲んで腰巻を建てるのが上分別と、しかもきたなきほど奏効するとあって、女中に腰巻を外して提供すべく命じたが、応諾なくやむをえず赤メリンスの新品を棹につけて立てた。近所の三軒もこれに倣った。幸いにも火事は小原邸の長屋でとまり、本邸並に他の三軒も助かった。主人帰邸して如上の智恵を賞讃したが「この際赤腰巻は過激派と間違えられる。直に白腰巻に換えよ」との命令を下して建て

かえたという」（東京朝日新聞）

右の二例は、女の腰巻で火災を免れ得たものと信じているらしい話であるが、これは偶然の事象に過ぎない。現に上野広小路の商家では何の効もなかったのである。この愚挙につき予は往年『迷信研究雑誌』に左のごとく記してある。

「大阪では火災があるとその近傍の者は自家の屋上に登り、女の古い腰巻を棒の先に括り付けて振り廻す風習がある。これは火は不浄物を嫌うものであるから、女の汚血が染みている古い腰巻で類焼を免がれ得るものと信ずるによるのである。水は汚物を洗い落すに過ぎないが、火は汚物を根本から焼尽して、灰と炭酸とに化せしめるのであって、火が不浄物を嫌うという理由はない。火災の時には女の古い腰巻などはもちろん、不浄極まる便所でさえも全焼になるではないか。しかるに古い腰巻が火災予防の禁厭になると思い、それをまた屋上に登って振り廻さなければ火の神が不浄物のある事を気附かないだろうと思うのは、実に笑うべき愚の極である」（「迷信研究雑誌」）。

大阪の御堂と称する本願寺の別院近傍に、昔火災があった時には、西浜の住民が数多の獣皮を携帯して御堂に駆け附け、その獣皮を堂宇の屋根に投げ掛けて防火の禁厭としたという話を聞いた。これも同じ迷信から出た事である。

火が穢《けがれ》を忌むという思想は、日本の神道にもあるが、腰巻で火を除けるという愚説は修験道者などが云い出した事であろう。『朝鮮風俗集』にも「出火の時、屋上に女の腰巻を覆えば連焼せず」とあるから、この迷信は日本ばかりでないようである。

台湾には、火王爺という火の神が、屋上で火旗を振るとその家に火災が起るという迷信がある。腰巻を振って火災を防ぐという迷信と反対であるのが可笑しい。

●医籍登録原簿の焼失

震災のため内務省衛生局の医籍原簿がことごとく焼失した事につき面白い話がある。京浜の医者で全焼した者が何千という多数で、その中に開業免状や卒業証書までをも焼失した者が少くないので、再び医者として開業したり、病院勤めの医員となるにつき、衛生局としては偽医者の出現を防がねばならぬが、医籍登録の原簿が焼失したので、医者か非医者か判明しない。そこで、本人の届出によって、医籍登録の告示が載っている『官報』を調べる事にし、どこからか借りて来た『官報』に対照して認知登録の原簿を再製しているがここに一つ奇な事がある。『官報』は明治十六年の七月に初号を発行したもの。それ以前に開業した医者の氏名は載っていないので、認知の証拠となるべき記録がない。そこで老医者の開業には、町内有力者数名の証明と交番所の巡査が「あの人は確に開業医者でありました」という証明を要する事になっている。

こんなへまを演ぜねばならぬ事になったのも、役人どもが自己本位で「そら大地震だ」と逸早く自宅へ駆け付けたまま、役所の緊要書類を顧慮しなかった不埒の結果であろう。

●焼跡の掘出し物

「市の人夫がまず第一に銀座の焼土を片附け始めた。何しろ銀座には色々の美術品商があった。それだけ残灰の山の中から形を成したものが現れる。人夫はその掘出し物に興味を引かれ、仕事がはかどらぬ。中にはニッケルの灰皿の様なものをほりあて手に取っている。こっちには銅ばかり集めて呑みしろにしようとしている横着者もある。こんな連中の監督に、一段高い焼土の山の上に頑張った人夫頭が、目を皿の様にして怒なり廻している」(国民新聞)

「下谷御徒士町電車通りに多くの人々が焼けた土塊の上を甜める様に這い廻っている。何事かと聞いて見ると「へいこの中にダイヤモンドがあるそうです」と……職業から投げ出

された頼るべなき生活の途を断たれた都人は……夢の様な幸福をひろい上げようと日の暮れるも知らず「ダイヤモンド」……の影を探している。若い娘も混って」（東京朝日新聞）

地震当時の湯屋　安政二年版

金持ち親爺の圧死　安政二年版

●物質慾者の死

「今度の大震大火で死んだ者の多い中、慾張り根性がもとで死んだ者が八、九分です」という話をしばしば聴いた。また「何某は大震に愕いてすぐに家を飛出したが、金を取出しに再び家へ這入った時、圧死したのです」とか「大風呂敷包を脊負って自転車に乗ったまま焼死したり、沢山の家財を積んだ荷車の梶棒を握ったまま焼死していたものが各所に多くありました」とか「本所被服廠跡であれほどの人が死んだのは、荷物から荷物へ火が移ったためです。カラ身の者ばかりであったなれば、三万二千人の半分以上は助かっていたはずです」などいう物語もあった。

自己の家財に執着心の失せないのは人情の常態であるが、物質か生命かという危急刹那の場合にも、なお執着心の失せなかった者が多く死んだのは事実であったらしい。それは助かった人の話を聴いても判る。「わたくしは、目星しい品物を包んで逃げ出しましたが、途中での混雑を見て、火は三方から迫ってきている。こんな荷物を持っていてはとても歩けない、いのちあっての物種。惜しいけれど捨てるよりほかはないと、無手になって、車の上でも荷物の上でも構わず飛ぶがごとくに逃げたので助かりました」という実地の直話をした者もあった。

曾我部一紅という人は「万朝報」記者で横浜に住宅を持っており、明治初年の珍らしい新聞雑誌の蒐集家としては日本一であり、そのほか奇書奇物を多く蔵していたそうであるが、その家は全焼で何一つ出なかった。主人一紅子も行方不明として友人どもに気をもませていたが、その後近家の人の言葉によると「曾我部さんは一たん家をお出になりましたが、何かお取出しになるつもりであったか、引返してお家へお這入りになった時、ガラッと潰れたのでありました」との事。これも気の毒至極の一事ではあるが、やはり物質執着のためであったかも知れない。

新橋某芸者屋の老婆は、火炎の近づいて来た頃、雇い女中を指揮して品物を出させたが、最後にその女中が「もー熱くて近寄れませぬ」と拒んだので「そんならオレが持って来る」と云って取出しに行ったまま焼死したそうである。

以上のほか、物質慾に引かされて生命を失った例は多くあるが、その例は安政二年江戸大地震の時にもあったと見えて、右方〔一四一頁〕に写出せるごとく、金持親爺が圧死している惨状を描いて、それに訓戒的の文句を加えた一枚摺の版行物がある。

●震災川柳集

日刊諸新聞が連載していた新川柳は大震後しばらく中止であったが、復興気分が漲るとともに、「報知新聞」は十月十八日より、「都新聞」は十一月十五日より復活し、また「国民新聞」も同じ頃より一週一回掲出する事になった。

その中の秀逸をここに摘載する。

右のほか二、三の新聞にも出るが、転載する価値のある句はない。

まっ先に逃げたは下駄を穿いて居ず
湯水のように湯水も使われず
酔って寝たように丸善ブッ潰れ
黒枠に一日とある気の毒さ
被服廠親は子供の上に成り
被服廠施米のように骨をくれ
夢の様でしたと一人ぼっちなり

本店が支店へ同居する哀れ
先生を訪ねて行けば二階借
流れ質あの時焼いた様にいい
易学者聞けばやはり着たっきり
惜しかった箪笥今でも鍵は持ち
焼けたのも同様ですと儲けて居
もう愚痴は止せと女房叱られる
当然の地震と博士あとでいい
バラックへ帰るみやげは巴焼
助かって見るとあの帯あの羽織
戸を開けている間に余震止んじまい
着たっきりですよと指がよく光り
土一升金一升に草が生え
天幕村屋根から先に夜があける
もとここに在ったと話す十二階
表へも書けるハガキのけち臭さ

おうちへ帰りましょうとバラックの子
（「東京朝日新聞」）

配給の味噌がまずいの何のかの

いろいろな重ね着してる焼出され

履歴書をかくにおはちを机にし

バラックの母は単衣に裏を附け

焼けた人御覧なさいと否決され

二階家がこの町内に二つ建ち

神田から見れば九段が高くなり

三の輪から洲崎の見える痛ましさ

バラックの小僧旦那と同じ膳

ゆで小豆ここのも社会奉仕なり

吉原は社会奉仕とも書けず

立退所紙から板に書きかえる

よの布団足の方にも首があり

どの雑誌でも稼ぐ震災芸術家

この際もあの際もない呑んだくれ

新切手給仕は糊をうるさがり

腹の子をみやげに女房国へ行き
この際に処する道あり牛飯屋
尾張町こんな所へ牛飯屋
焼け銭を出して牛飯などを食い
真っ黒な銀貨笑ってツリを取り
焼け銀貨出せば小僧は音をたて
ありったけ本をならべる神保町
古本屋一冊売ると板が見え
気の毒にしても避難者長過ぎる
トタン屋根余震ごときに驚かず

震後当面の現代人には解し得べき句でも、後世に至れば難解とするであろうと思う句に略註を附けて置く。

幽霊の避難者がいる門構え　　虚偽の同居人名貼出し
お前のも池にいたよといやがらせ　　吉原の娼妓

雨が降り出して学校おじゃん也
商いをするに娘は下を向き
営門を出てからおれの行き所
バラックへ兄の帰ったにぎやかさ
松沢へ来てはしゃいでる痛ましさ
絵葉書は少し火を書き煙を書き
刈りかけの頭へポツリポツリ来る
火に追われ次は公園課に追われ
大正の御代に徳利で米をつき
山の手の身寄へ常磐子を配り
敷島があって安心する給仕
勿体をつけつけ朝日出して売り
この次は何日にしようと大本教
驚いたねエと泥足袋ぬいでいる
地震からこっち暦もなしですみ
いい空地スッタモンダがあるらしい

屋外の小国民学校
慣れぬにわか売店
除隊になっても実家は全焼
除隊兵
過度の恐怖で精神病
焼跡の写真に
屋外の理髪店で雨
仮小屋の立退命令
玄米を桶に入れて
本夫に死なれた子供沢山の妻
巻煙草品切れがちの昨今
恩恵らしく
あたらぬ大地震の予言
はげしい余震で
原始民的
地主との争い

もういいかしらと少うし塗って見る　震後遠慮せし白粉
一つ二つ殴った事が気にかかり　自警団員の暴行検挙当時
郵便屋オシメをくぐりくぐり来る　バラック町の軒頭物干
伯父さんも親爺もみんな服になり　罹災者間に流行の洋服
と云って今更大工にもなれず　失業者の嘆声
この際に女の道も行きつまり　売春婦になる

釜で洗濯（東京日日新聞）

●この際の代用物

ありし日は多くの人の飯を炊いたであろう。今はそれで腰巻の洗濯、秋風蕭々、神田一ツ橋所見。

釜を腰巻洗濯用にするような極端の例ではないが、大震当時から近頃までの間、代用されていたものは多い。

焼けたトタンやブリキを仮小屋の屋根や壁にした者は数千。

大ドンブリ鉢や鍋を洗面盥に使っていた者もある。
石油の空缶を手桶に、バケツを米磨桶にした者は無量。
乳母車を荷物運搬用にしたり屋台店の台にしていた。
張物板を膳にしたり夜は寝台にしていた者もあった。
摺鉢に玄米を入れ摺木で搗いて白米にした者も多かった。
ミルクの空缶を湯呑茶碗に代用した者も少くない。
菓子の空箱に灰を入れて火鉢にしているものもある。
寺内の避難者中に卒塔婆を屋根にしていた者があった。
公園のロハ台を野天の理髪業者が客の腰掛椅子に使った。
荷馬車に板を敷いて人が乗る馬車にしたのが数十台あった。
葬式の供馬車が乗合馬車になってお客を満載した。
釣船や網船が交通用の早船になって往復頻繁であった。
ビールの空箱を二つ三つ横に重ねて戸棚にしていた。
針金や縄を樹から樹、軒から軒へ引張って物干竿に代用。
久良岐先生の新句「祭礼の軒提灯で飯につき」もあった。
また新川柳に「盥を伏せてバラックの差向い」というのも盥をちゃぶ台に代用した事で

ある。

寄書集　(一)

■相州海岸の津波

鎌倉由井ヶ浜に年々海水浴休息所を経営しおる草柳氏の震災当時の実況を聴きたるに、その日朝の間降雨あり、家族は光明寺うら小壺へのトンネル下の自宅に残し、独り由井ヶ浜の小屋へ出張中、大震の少し前、游泳中の人々、なぜか海水非常に温かにて宛然風呂へ這入おる様なり。気味悪しとて出で来りしも、氏はさほど気にもとめず弁当を食しおる際、突如大震動にて海水にわかに約半里と思うほど沖の方へ退きたりと見る刹那、稲村ヶ崎の一角崩壊して濛々たる土煙り揚れり。氏は津波の襲来を予想し家族の安否を懸念して海辺伝いに自宅に向い走るに大地の震動と地割れのため思うに任せず、半途に至らざるに、予期せし津波の襲来に出合いしも、身には海水着をつけおるほか、手に一物なき事とて多年熟達の泳ぎ業を発揮し、からくも遁れてわが家に至れば、新築したばかりの自宅は半潰れ、家族らは幸に後ろの山に逃げのびしも、滞在中の客人二名は一度遁げしが、後に再び家内へ立入りし際、津波のために浚い去られしところなりしという。

鎌倉大町　松木喜八郎

■楽水居士の七律

小生無事、一詩あり御高覧に供す。

大正十二年九月初一、東都有大震災、回禄伴之、余途上遭其厄、僅免焉、即賦以伝後昆。　楽　水

竊疑地軸天根摧、万物撼揺声若雷、頃刻玉楼皆発火、一朝金屋尽成灰、悍夫顛沛時離族、慈母昏迷或失孩、歓楽栄華都是夢、人生代々鑑斯災。

■龍子の新俳句と狂句

お笑草にお目にかけます。龍子。

重って息が絶えてる時計台
気が付て見れば片手に箸を持
原始的姿勢四つ足で這廻り

身一つが身二つになる泣笑い
襟元へ蟻が這込む草まくら
お供の様に親子で焼けている
癩病の様な口から歯が光り
ふんばったままで固まる被服廠
源平藤橘平等にみやこ落ち
虎の子は腹で吾児は背で焼る
流言に利口な馬鹿が騒ぐ事
めぐり合い互に足を見比べる
吉原のあとは色即是骨なり
配給に何かゴテゴテほざく也
相生署長地獄まで保護をする
絵葉書屋何か隠して二枚売り

■寺尾新は無事

『震災画報』第二号、六〇頁に出た「生きているなら早く来い」の寺尾新君は、理学士で水産講習所の先生です。寺尾博士の御令息石川千代松博士の婿君である当時四谷大番町の自宅へ帰らず、深川からすぐにシカゴ丸で大阪へ避難し、九月末に無事帰宅されました。

無名子

■熱愛家の手翰

拝啓、真の意味における国宝、先生の御健在は我らの欣賀措くあたわざるところに候。御新刊の『震災画報』、涙ぐましきまでに嬉しく拝見致し居り候。第二号活字の不備その他についての御苦心談、多少とも身に覚えある事にもこれ有り。ことのほか感深く拝読仕り候。画報は「外骨式」を発揮しおらずなどとは、深く先生の真骨頭を知らざる者の申す寝言にて毫《すこし》も取るに足らずと存じ候。限りある身と力を試すべく憂き事の重なるごとに先生の真面目のいよいよ光輝を放ち来るは、誠に世にも有難き極みに候。我らはつねに先生を慕い先生に学びながらもその真似のマの字にさえも達し得ざる身の拙さを衷心より慚愧致すよりほかこれ無く候。先生の御健在は実に国家の喜び也。折角御自愛願い上げ候。

只今同封にて金拾円也差上げ置き候間御査収下されたく。『面白半分』以下の御新刊に対し適当に御処置願い上げ候。先生の御出版とし云えば（他人の著書でも）今後は御発行の都度必らず一部宛は頂戴仕るべく、貧しき書斎の中に外骨文庫を拵える事を今より楽しみの一つに致し居り候。秋風身に寒き折柄、先生の恙なき御活動を熱禱して擱筆早匆。

大正十二年十月二十九日

福島県伊達郡森江野村　武田正義

●紺屋白袴式の失礼

わたしは「紺屋の白袴」式で、手紙の返事を書かずに打捨て置く癖がある。深厚な熱情の溢れる手紙を読んだ時には、ぜひ返事をせねばならぬとの感想は起るのであるが、さてやりかけた仕事があるので、これを了《おわ》ってからと、一時来翰箱に入れたままになり、その手紙がいつでも百通ほど溜っている。それを気にかけながら、あとへあとへの仕事に取りかかるのは、悪い癖だと自分でも知っている。

そこで御手紙を下さった皆々様に、おあきらめを願うべきズルイ一事を考え出しました。それは、わたしの著書なり雑誌なりを御覧になって、その中にお気にめした一節、これは外骨でなければ書けぬ文句だとおぼしめした時「この一節はオレに返事をする時間で書いたものであろう」とおきめ下さいと申上げるのです。

『一癖随筆』の六十五頁に載せてある「紺屋の白袴」という俚諺の新解説中に記せる「染

賃が安いので、終日働かねば生活が出来ぬため、染賃の取れぬ自分の袴を染めている余裕がないからである」と同様、職業的著述家の身のあわれを御察しの上、無返信の失礼を許させたまえ。

●鍮玉　学書の権威を認め得ぬ徒輩

低級な挑発的記述を避けた『猥褻風俗史』や『半男女考』等は学者的まじめな著書であるに、現代式軽佻の半淫書であるかのごとく推測するものか、ニキビ党や好淫連中からかれこれの要求と照会が頻々来るので実にうるさい。その最もはなはだしい奴は、半狂堂が秘密に春画淫本をも販売しているものと見るなど、実に癪にさえざるを得ない。ここに訓戒としてその愚文の一通をさらけ出して置く。原文のまま。

拝啓　貴店益々御清穆慶賀申上候。扨早速内容目録披見熟読仕候処、小生希望の書一部だに無之少々落胆仕りこわ尤の儀と浅思仕り候。直ほ内容を一覧すると暗に小生希望の書籍在庫の意味有之早速一書を以て御依頼仕り候小生の希望として矢張りもう一層究めたる書物購入致し度く（社会に所謂淫本とか春本とか云た種類の書籍です）若し御店に嫌避さゝる場合は京都の売捌店宛でも其書の販売に対する添書を意味した御返書を給わり度く、其目録定価票相添へ至急御返事給わり度く旁々お願仕り候。左に小生現在を附記仕り候。御信用被下候はゞ幸甚に候木彫人形製作、二十五歳、妻有る、父母と同居候間御送附の場合は密封被下度候。

京都市東山通リ松原上ル弁天町五五　吉田関三

半狂堂御主人

●職業的著述家としての誇り

『半狂堂出版図書総目録』に掲出した「廃姓外骨著書予約加盟員名士表」中に誤記と脱漏があったから、左にその訂正と補足をして置く

医学博士　上林豊明
医学博士　関場不二彦
文学博士　狩野亨吉
医学博士　高田義一郎

法学博士　福田徳三

医学博士　藤原教悦郎

これで医学博士が合計十三名。文学博士が同八名。法学博士が同十名である。

なお加盟員でもなく直接購読者でもない取次販売の書肆から購求されている博士学者連は、羽太氏、遠藤氏、田中氏等を始め少くも十五、六名はあるらしい。

あえて事大思想に囚われないにしても、これだけの専門学者に愛読される事は、職業的著述家たる廃姓外骨の光栄であり誇りであるとせねばならぬ。

外骨著

震災畫報

第五冊

●手前の甘い味噌

ここへこれをという報告の材料もないから、愛顧家から来た書翰一通の全文を掲出して、例の味噌をあげておく。これもよくない癖の一つであろう。

前略、まことにこの度の震災は思いもよらぬ大天災にて御座候処《ござそうろうところ》、匆忙としてすでに一ヶ月を経過致し候。思い出づれば九月一日の夕まぐれ、号外売のベルの音がけたたましく四方に飛んで、何事やらんと、まず人の耳目をそばだたしめ候。東海道の大地震、私は号外を手にして少からず一驚を喫し申し候。明けて二日朝来、号外屋のベルの音はほとんど間断なく、飛報ながら櫛の歯をひくごとくにて、なかんずく御地における震災はことに最もはなはだしく、大廈高楼《たいかこうろう》軒を並べて倒壊し、剰《あまつさ》え大火災各所に起りて、東京全市焦土と化し、死傷数万を越ゆという酸鼻の限り悲惨の極《きわみ》、私は愕然として驚き申候。前古未曾有の大天災、まさに国難にてこれ有り候。この時にあたりて、我敬愛する外骨先生には御動静いかが御安否いかがとひたすらそれのみ御案じ申し候。しかしながら通信機関破損のため、さっそく御見舞申し上げ候えども、遺憾ながら再度とも送還し来り候ていかんともなしがたく、蔭ながら貴家の御多幸を祈りつつも、茫然として空《むな》しく手をつかねて在りおり候。しかるに昨夕帰宅致し候処、なつかしき先生よりの御消息。はじめてその御健在を知り、なおまた御被害の比較的尠少《せんしょう》なりし由を承わり、おおいに安堵仕《つかまつ》り候。降って湧いたる大天災、すべてを失うとも是非なきに、まず不幸中の幸とでも申すべきか、これ皆平素より積善の御余慶にほかならずと存じ候。なお御送付下され候『震災画報』は昨日まさに受取候間《そうろうあいだ》御安心下されたく。未曾有の大変災にて上を下への大騒動中、従容として一糸乱さず綽々として余裕ある、流石先生の御襟度《きんど》なる哉《かな》。実に感服の至りに御座候。とりあえず御報知を兼ね延引ながら謹んで御見舞申し上げ候。

大正十二年十月三日

呉市　川崎伝太郎

外骨先生

いやな天祐説の文句もあるが、とにかく、大層の御ひいきであるらしい。またお名前は忘れたが、東北地方の愛顧家から来たハガキには「外骨先生の半狂堂が焼け残ったのは、浅草の観音が焼け残ったのよりも私は嬉しい」とあった。こんなお方が多くあるので、苦しみながらも職業がえをする気にもなれないのである。

●貧乏した程度のおおいに異る人々

危急突発で家財商品等は一つも持出さず、それをことごとく焼失してしまった人々、いわゆる「着のみ着のまま」で逃げた者が多かった。これを焼け出されの貧乏人というのであるが、さてその貧乏の程度が単に無一物という同じ貧乏であるか否かというに、復活上の信用程度は別問題として、損害を被った貧乏の程度には大相違がある。

それは、一家のうちにあった器具や商品を全財産としていた者は、それが全焼で、貧乏程度は零点であるが、倉庫の三、四棟をも有していた大商店の主人は、取引の商品代価を銀行から借りた金で支払っていた者が十中の八、九であった。しかるに在庫品はもちろん、一家の財産全部が焼失して無一物になった上、銀行には振出手形が残っているので、その借金を負担せねばならぬ者が少くない。さればこの貧乏人は零点以下三十万円、五十万円の貧乏になったわけで、単純の無財産者よりは貧乏の程度が深く厚いのである。この点から云うと、三、四十万円の財産を持って百万円内外の遣繰《やりくり》していた者よりは、二、三十円の資本でその日稼ぎをしていた者の方が、貧乏した程度の少かった事になるのである。

●地震学の知識概略（五）

■俗解の人造地震

明治五年出版の『窮理日新発明記事』といえる書中に「大地震の原因は地中に醸せし汽発の力なり」とて、その理を通俗的の試験法で示してある。この図を入れての説明に「四斗樽の中へ砂三斗を入れ、よく揺りて、さて水を入れ、桶の底にある呑口を抜けば水は流れ出ること漉し水するがごとし。その呑口の穴より十五、六人にて、交代に息を吹入れ、息十分に桶の中へ籠りし時、急に呑口の穴を緊《かた》く閉げば、吹込し息の陽気その砂の中の湿に迫りて桶を出んと欲す。桶は独り自から震動し、むくむくとして砂を揺る。頃刻にして砂中の陽気尽くれば、震動たちまち止む。これ地震のもっとも小き者なり」とある。これは火山地震の俗解として適当の事であろうが、断層地震や陥落地震の説明にはならない。

■軽視された地震学

帝国大学の理学部に地震学の講座があっても、聴講生はわずかに一、二人しかなかったと聞く。また今村博士が往年『地震学』の著を公刊せしめたが、ほとんど顧みる者はなかったそうである。これはなぜであるかというに電気学や化学などの専攻者は売れ口がよくて生活の安定を得るが、地震学などは研究したとて、測候所員のほか、何にもなれないとて、これを学ぶ者がなかったからである。

それが大震一過後は、聴講希望者が増加するので講座を拡張するという事になり、御大今村博士は引っぱり凧同様の景気である。また一般人もにわかに目覚めて、地震学の研究とか地震書の渉猟とかで、従来手にもしなかった古本をあさるので、以前には三十銭か五十銭であった物が、昨今は三円五円の高価になっている。地震学の古本などは十円でも売る人はない。安政見聞の誌録などは三冊一円くらいであったのが、震後漸次騰貴して、暴利屋の書肆では二十円の正札を附けているほどの勢いである。

当面に即する人間のあさましさはここにも表われている。しかしこの熱も漸次冷却し、今後五、六十年過ぎればまた忘れられる事になって、地震学の知識概略を通俗的に記述する雑学者が出る時代が再来するであろう。　　（了）

●熱海行路の崩壊

精神労働と身体労働とを兼ねた数十日間の劇務が因となって疲労病に罹った著者。その保養かたがた震後の視察に出かけたのは十一月の下旬であった。早川駅のバラック宿に一泊して翌朝七時半に草履穿き尻からげで出発。荷物は肩にカバン、手に釣竿袋、保護役としてお供一人。

小田原から熱海行の陸上通路は旧道と海岸線の二つで、海岸線には軽便鉄道が添い、それにトンネル多き新開の汽車道が出来たのである。この間七里はほとんど断崖絶壁。そこへ人工開鑿の通路を附けたのであるから、大震の大威力は不自然の個所を余す所なく破壊し尽したので、歩道、旧軽便道、汽車道、三つながら完全な所

はない。この七里間の歩道を大震前のごとく復旧するには総工費四十万円を要するそうである。その復旧工事はいつ頃着手ともしれぬので、村々浦々の者どもが応急的に交通し得るだけの仮り道を附けてあるのだから、その通路は猿、否類人猿でなくば歩めないほどの危険至極な個所が多く、足一つ踏み外せば数十丈の崖から荒波の淵に落ち、上を見れば、崩れかかりの大巌石が樹の根に支えられているようなあぶなさ。目はまい足はすくみ、どうしてこんな所へ来たかと悔いても、今さらあとへ引返す事も出来ず、いわゆる「いのちからがら」、七里の行程を八時間で午後三時半、ヤレヤレ嬉しやと熱海町に着いたのであった。

この行路の途中で見聞した根府川の大惨状、および熱海町の概況は次に記す。

●根府川の大惨状（附）熱海町の悲況

小田原から熱海までの鉄道は昨春真鶴まで開通していたのであるが、その既成未成の線路は大震のため破壊され、十数のトンネル口はいずれも崩潰したので全く不通となり、今はわずかに一哩ばかりの早川駅止りであるが、この早川と真鶴との中ほどに根府川という所がある。箱根山麓から流れる小川で海岸に接した川の両側に百数十の人戸があり、「根府川駅」もそこにあったのであるが、この根府川の被害は他にまさる大惨状で、山崩のため全滅となった。

実地踏査報告でなく村人の語る所によると、この山崩れは五里の山奥（あるいは二里の奥ともいう）から崩れ出した土砂で、川の両岸にあった田畑人家がことごとく海上へ押し流され、汽車の鉄橋も停車場の全部も跡方を留めず、一面土砂の荒地に化している。当時高所にいて助かった者の談。「一、二里の山奥で物凄い地鳴りがするので、何事かと気づかっているとやがて大波のごとき土砂が数町続いてドドドドンと崩れ来り、全人家を埋めて海の方へザザザッと押し流したのである。その時山の中腹にあった何某の家では、最初の大震動に愕いて全家七、八人の者は表に飛出したが、続いてその家も倒れ大地が裂けるので、一同はその倒れた家根の上に坐していました。ここなら大丈夫（安全地帯）だと思っていたのでしょうが、奥から来た山崩れの土砂はその倒れた人家の在るまま地底の土を押し出したので、家根の上に居た七、八人の男女はあたかも船に乗ったような態で海上へ流されてしまいました。その時一同が悲鳴を揚げて「助けてくれ」と叫んだ声の凄さ、みじめさ、今もなおそれが耳に残り目に見えるようで、実に可哀想です云々」と聴くも酸鼻の極であった。

次に真鶴駅の停車場倒潰も悲惨であったが、熱海町は案外にも被害少く、海岸の二、三百戸が津波のために潰されたほかは震害地と見えないほどである。しかし贅沢遊びをする得意客の多かった東京横浜が逆境に陥ったので、浴客は以前の三分一にも足らず、旅館はじめ商家の悲観はなはだしく、廃業者続出である。一昨年来汽車開通後の全盛を見越し、地価が暴騰して一坪三百円五百円の高値であったが、昨今はその半価または三分一でも買人がない。温泉株も一戸二万円以上の売買であったが、大震後、湯の噴出量が十倍ほどに増加したので、浴用に余って、今は清浄の捨湯が二、三の川をなして潺湲《せんかん》と海に注いでいるので、温泉株は無価値である。

●瓢箪池で助かった男

大火に囲まれて逃げる途なく、池に飛び込んだ者の多かった吉原廓内、後ろからは火、前からも火で川の中に飛び込んだ両国橋の避難者。一人が橋杭に取り付いていると、あとへあとへとその体へつかまるので、初めの者は重みに堪えかねて橋杭の手を放すと同時に、泳げない連中だからブクブクと水底に沈んで死んだ者が数知れぬほどあったが、かようにつかまられても、巧みに助かった賢い男が一人あったという実話を聴いた。

それは吉原の瓢箪池での事、あとへあとへと来て多数の男女が取り付く、もはや堪えられなくなると、橋杭から手を放して水に潜ると後ろの者が手を放す、手を放せばあっちへ潜り抜けてちがった橋杭を抱える。また同じ様にあとへあとへとつかまる。もうたまらぬとなれば同じく水を潜ってあっちの橋杭へすがり付く。かように幾度も繰返しているうちに、取り付く人数は溺死して少くなり、火災の煽りが烈しく火の子が飛来し、池の水面が湯のように熱くなれば、水底に頭を沈めて冷やすなど、一生懸命にやっているうち、漸次火炎が熄んで、その一命を助かり得たのであるという。

かく危急咄嗟の間に機智を出して共死を免れ得たのは、その才や勇気によるばかりでなく、身体も強壮であり、水泳の素養もあったからであろう。

●生殖器の復興

近頃の新聞紙上に詐欺広告屋が「生殖器の復興」と題して怪い文句を並べてあるのを見た。復興、復興が震災被害地の流行語になっているに乗じたイカサマ事である。スタイナーの若返り法が葬り去られてすでに二年。生殖器の復興とはそもそも何を意味するのであろうか。

地震で萎縮したり、火災でヤケドしたのを治療するという笑わせ事でもあるまい。

とにかく、流行語はある人々に濫用されるに至ると、その流行はやむものである。生殖器の復興とはもはや極端、これも復興院と同くたち消えであろう。

●東京駅から地獄行

震災余聞として四谷附近の珍談を一つ御紹介します（白眼子）

四谷伊賀町に塙保己一の墓があるので有名な真言宗の大きなお寺がある。そこの和尚はすこぶるの堅造でかねてからその附近に高徳の噂高かった人だそうだが、九月一日の朝、寺の小僧に荷物を持たせ、家人にはちょっと京都へ寺の用で行って来ると告げて家を出で、東京駅でまず京都行きの切符を買い荷物はチッキで預け、小僧は「もう帰ってよし」と云って帰宅せしめた。

九月二日の未明、髪もおどろにふり乱し、ボロボロの襦袢こしまきで、乞食のような風をした女が、あの大混雑の中を駆け抜けて、伊賀町の塙保己一の墓のあるそのお寺へやって来た。家人が驚いて出てみると「私は本所の者ですが、昨日の大地震大火事で逃げ廻っている中、お宅の御主人と奥様だという人に連れ会い、三人一所にあっちこっち逃げ歩く中、いつか御主人は行方不明になり、間もなく奥様も火に囲まれて死んでしまい、私はようやく川の中へ浸っていて命からがら逃げて来ましたが、その時お宅の名も聞いていました、どうぞ御縁だと思ってしばらくお助け下さい」という。家人は、主人は昨日の朝京都へ立ったはずだに、これは少し話が変だと、段々仔細に尋ねた所、事実は次の様であった。

和尚は、東京駅へ荷物を預け、小僧を帰すと、間もなく自分が囲っている本所の妾宅へ行った。そしてその夜はそこへ一泊して、翌日京都へ二人で立とうという趣向であった。ちょうどあの地震当時は、二人かけ向いで小皿か何かでチビリチビリやっている所だった。そこへあの騒ぎ、続いて火事、さあ逃げろ逃げろで、飛び出したまま、妾宅の女中と三人であっちこっち逃げている中、和尚は煙に巻かれ、妾は火に巻かれてあえなく最後をとげた。そして僥倖にも命を取止めた女中のみ、からがら四谷まで逃げのびて来た。女中のはしたなさに、ついベラベラとしゃべってしまったのだった。

それから数日後、附近の真言宗の坊さんが寄り合って、この和尚のために終日苦笑しながら仔細げに読経していた。とまあこんな意味の話です。

編者曰　東京駅からすぐに京都へ出発すれば、焼死する事もなかったであろうに、妾宅へ廻ったのが不運のもと。大震大火は天譴でないにしても、こんな堕落坊主の焼死は天罰と云ってよかろう。

●棄児と犬や猫

そりゃ地震だ火事だといって逃げ出す際、自分の子供を何よりも先に連れ出すのは、親子の愛情、当然の事であるが、そんな子供のない連中か、多数の避難者中には何一品も持たず、猫または犬を抱えてすごすごと歩く独り者があった。これも平常の愛に牽かされて、畜生でも焼死させるのは可

哀想だとしての人情から出た事であろう。

しかるに九月十七日の「東京日日新聞」には左の記事があった。

「震災の生んだ副産物として棄児が頻々として行われる。警視庁で拾って千葉の同情園に送ったのでさえ数人に及んでいる。家を焼かれ衣類を焼かれて無一物となった人や、夫に死なれた妻、妻に死なれた夫、そんなのは自分一人が生きて行くさえ堪え切れないので、足手まといになる幼な子を棄てるのだと警視庁ではいっている」

かように児を棄てる親でも、恐慌当時には愛児として連れ出したのであるに違いない。それが少し落ついて自己の生活に苦しむ結果、心を鬼にしたのであろう。

さて震災後、焼残りの町内に飼主なしの犬猫がおびただしく殖《ふ》えた。これは火事で逃げて来たのだと、何人も云っていたが、事実避難の犬猫があったとしても、それは少数であろう。こんな際、犬や猫に構っていられないとして、主家に置去られた犬猫は、理智のない畜生だから、逃路に迷う中、猛火に焼かれて死んだのが多いと見えて、人猫の焦げた骨が、到る所の焼跡、道端のあちこちに転がっていた。されば焼残りの町内にうろつく犬や猫が多くなったのは、やはり愛児を棄てた親と同様、避難先の家でも厄介がられるので、やむをえず棄てたのがおもであろう。

●文明的大道　人を殺す

「現在全世界の大都市が道路の建設、ことに自動車道として世界土木技術者はアスファルト道の右に出づるものなきものとして、ほとんどアスファルト道全盛の時代を出現したものので、わが東京横浜をはじめ全国の大都市にも盛にアスファルト道路を建造したのであったが、今度大火災の跡を視察した内務省牧技師によって、アスファルト道に基因する恐るべき惨害が発見されたのである。その報告によれば、この世界的好評のアスファルト道は、今度の大火災の熱でほとんどドロドロに溶解し、この道路上を避難せんとした人々はいずれも靴、履物がアスファルト中にめり込んで歩行の自由を奪われ、逃げ遅れた者がすこぶる多く、なかんずく戦慄すべき事は、溶解したアスファルトが化学作用を起して化学上の第一炭化酸素を発生し、これがために無数避難者の生命を奪ったのである。しかも普通一般の焼死者は地に匍《はらば》いひれ伏しても逃れんとした苦悶の状が歴然として現われているのに、アスファルト道上の死亡者のみは、一人として苦痛の模様を止めず、あたかも眠るごとくに死亡している事が発見された。子供に乳房をふくめた婦人、ハンドルをにぎったままの電車運転手、めり込んだ靴のまま立往生した勤人等、すべてがその状態のままに骸となっていた。この事実は全くアスファルトから発散した毒ガスのために窒息死に至ったものたる事を物語っているのである。ことにこの惨状のはなはだしかったのは横浜であった。この報告は大東京復興上に非常なる福音であると同時に世界の土木学技術者にとっては天与の恩恵を授けられる事となる訳である」(国民新聞)

「昔はいかなる火災の時でも、道のある限りは頭髪は焼けてしまっても猛火を突きぬけて遁げのびたものであるが、今度の大火に大道路などに黒焦げ死人が沢山に横たわっていたのは、どういうわけだろう。それは全くアスファルトと木煉瓦とが火をよんだためである。

この両者が火を起すと、そこには酸化炭素を生じ附近を逃げまどうものは酸化炭素中毒にかかり少しも苦しむことなく、いい気持ちで大道に黒焦げの死体となるに至ったものである」(報知新聞)

右二新聞の記事は同一惨事の報道であるが「国民新聞」が毒ガスの名称を第一炭化酸素と記せるに反し「報知新聞」は酸化炭素と記せる相違がある。そのいずれが真かは化学知識のない著者には判らないが、要するにかかる毒ガス発生の大道を敷設したのは、やはり未成文明の惨害である。

●近くて遠い安否

九月二日頃、相州の江ノ島が全部海中に陥没したとか、箱根七トンネルはことごとく鮮人に爆破されたなどという流言が盛んに行われた(解説参照)。その真偽が不明であったのはまだしもである。

青山は一丁目から七丁目まで全焼で、青山御所も全滅である、という風説が伝ったので、青山に親戚を有する者や事業に関係ある者が心配して、桜木町会本部へ真偽の問合せに来た者が二、三名あったが、本部員中誰もその真偽を知っている者がないので、谷中警察署

地上権の移動（「時事新報」の時事漫画）

へ行っておききなさいと答えた。それで同署へ行った者の談に「警察でも判らないと云っています。通信機関がないから問合せも出来ないが、多分焼けたのであろうとあやふやの答えです」と云っていた。それが大震後三日目の事である。

　青山辺へ徒歩で往復しても一日に二、三回くりかえし得られる道程である。その近い所の安否さえも二、三日知れなかった事は、原始的の闇黒世界、というよりも、当時は何人も他を顧みる余裕がなかったによるのである。警察官吏が鮮人襲来の虚報を伝えるに至ったのも、またそれを全市民が信じたのも、皆同一状態の事と見ればよいのである。

万年町小学校の浴場　児童の風呂入

●金魚鉢で浴湯

九月二十八日発行の「東京日日新聞」に「焼けた万年町小学校の児童は、震災後一ヶ月にも近いのに、湯に入れず垢だらけになっているので、教員等は焼け残ったタタキの浴槽に湯を沸かそうとしたが、すっかりすい込まれてしまった。そこで二十七日朝金魚を飼った瓶や蓮を植た鉢を据え、大釜で沸かした湯を汲み入れ、午前十一時から子供達に入浴させた。久しぶりで浴《あ》みする子供達が、秋の日さす野天風呂に嬉々としてつかってるも憐である」。

この後、移動風呂という巡回浴槽が行われた。十月十八日の「国民新聞」に「浅草のある寺の境内、天幕張りの移動浴場が二棟、ことに女湯は大入満員で入口には半裸体になって待っている人さえある繁昌ぶりで、中には綺麗にお化粧して帰る若い娘もある」。

左方の写真版にしてあるのも移動風呂の実景である。この写真紙は本所被服廠跡の露店、十数ヶ所で盛んに売っていたものであるから、本所辺での写真であろう。

ちなみにいう。この移動風呂の「移動」というのも流行語であって、移動警察、移動交番、移動市場、移動病院、などいうのが行われた。借家借地問題につき巡回裁判という事もあったが、これは移動法廷と云ってよい。

移動風呂

本所被服廠構内惨劇の一瞬前

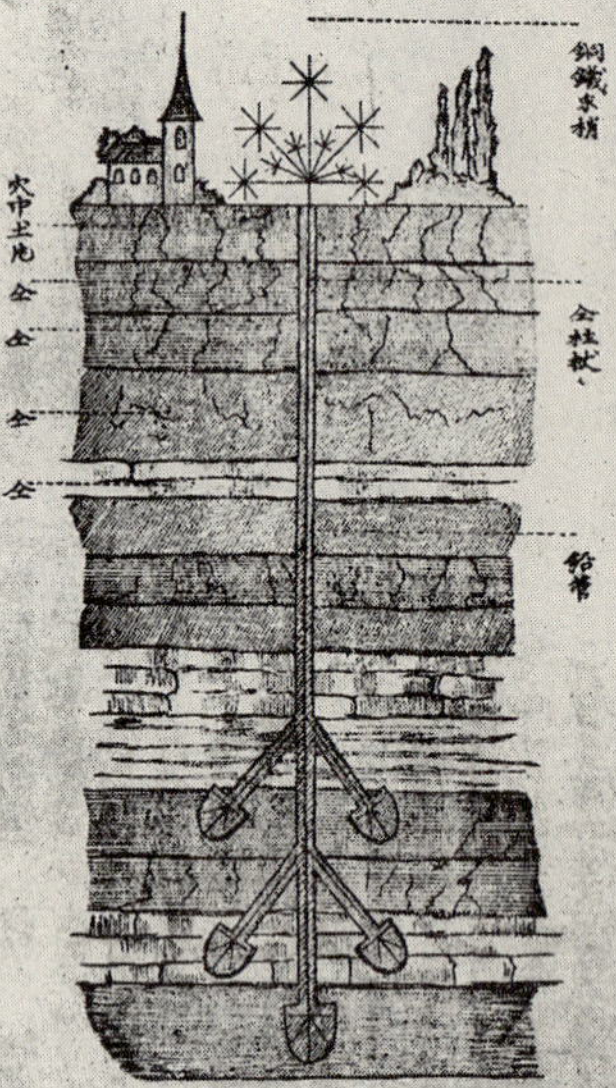

下の毎梢より地内の越列幾的児を引き導き引導柱より傳へて地上の濛氣中に送り遂に亦これを毎梢の尖端より漏謝せしめて此

地震予防説

●地震予防の珍説

地震学のやや進歩した今日でも、地震を予知する事が出来ない。別して地震を予防する方策などは学理上の空論にもないのである。しかるに八、九十年前の西洋学者中に、この地震予防説を発表した者がある。その訳書を『地震預防説』と題して安政二年江戸大地震の翌年、蘭学派の宇田川興斎が奉台命訳述として発行された。

原書は一八四四年（弘化元年）出版のネーデルランツセ、マガセイン（和蘭宝函）で、その中より抄訳したものとある。今の百科辞典のようなものから抜記したらしい。ドクトル、ストユケレイとか、パーテルベッカリアとか、仏蘭西大学校の学士窮理家アブト、ベルトロンなど、発明者唱道者等の名を上げてあるが、その説の要を摘記すれば、地震は地殻の陥落から起るものでなく、水素瓦斯の爆破から起るものでもない。地中のエレキテル（電気）の鬱積したものが一時に地上へ放散するがために震動を起すものであるとの説を根本として予防法を講じたものである。

地震は地上で起る雷電と同じく地中の雷電である。地上の落雷を避けるにフランキリンという学者は避雷線を発明した。この避雷線と同様に、地中へ銅鉄か鉛かの柱を一、二里深く埋めれば、地中の電気がその柱に引付けられて、地上の空気中に漏出放散するから、地震は起らない事になるというのである。そしてこれはベルトロンという大学師が熱心に研究した学理上の確説なりと記してある。

右の説が行われた当時には、この予防法によって地震を避けんとした国もあったらしい。しかしいずれもその費用の莫大なので躊躇したようであるが、柱でなく深穴を穿つ事がそれ以前に行われていたらしい。

「ペルシャ人その都府の周囲に多く深坑大穴を穿たしめしが、その挙果して験ありしにや。または他の事故によることとなるやは知るべからざれども、それよりして地下の震動漸々に鎮まれりと云う。独りこの坑穴のみにてなおすでにかく洪福を得るものならば、その数多の坑穴にそのエレキテルを地上に漏出せしむる銅鉄の引導器を具えばその大裨益あること果していかんぞや」。

など記してある。深穴を掘った例はこのほかにも多い。

この地中電気のために地震が起るのであるという説は、後の地震学者に否定され、したがって避電柱の事などは学者間の笑話になってしまった。

●温故地震の談

■方丈は耐震家屋

大地震や大火災の惨事を書き列ねて人生のはかないことを述べてある『方丈記』の著者鴨長明は不平隠遁で方丈の庵を造り、その室で記述したものであるから『方丈記』と号したのであるが、蜉蝣《かげろう》に等しい人々が大廈高楼に住する事の迷夢を醒さしめる主旨のほか、一丈四方の庵室は箱のごとき構造で耐震家屋として最も好適のものであるから、長明が維摩の環堵に倣ったのは、やはり地震を畏れたためであろう、とは凡夫の臆測で、その高徳を汚すだけのネウチもない愚説であろう。

■時ならぬ桜の花

現在の青年文士今東光子の寒炉記中に「玉海という書物の建久二年九月十七日の条下に「有桜樹花可有臨時奉幣之事云々」とある。不時に花咲ば吉事にあらぬ由、私は故老に聞いている。私の観台楼から眺めば庭の二株の桜が八月末というのに二、三輪花を開いた。九月一日の大地震を閲して私は、はしなくも玉海の記事を想い出し、しかも同じ月であるのを異とし、たまたま故老の言に留意した事を私は喜んでいる」とある。

この不時に花の咲く事は各地に往々ある現象。これは気温の変態に基く事で、人事の吉凶には関係のない事である。現に去る十月一日、すなわち大震後一ヶ月を過ぎた日に発行した「国民新聞」には「御茶ノ水土手下にある十株近くの桜が、陽気違いにも、二、三日前から一輪二輪ずつ綻《ほころ》び始め、昨日あたりは五分ばかり咲き出た。これはあの震災で火気に煽られたためと思われる。途《みち》行く人は珍らしがって一枝二枝と手折って行く。飛んだ花時が来たようだ」と記して、その桜花の写真版をも挿入してあった。これを見ても不時の花が凶変の前兆でない事も知れる。

今氏が積極的偶合の事実を捕えて云為《うんい》するのが、迷信でないのなれば、気温と花との関係、その気温が地熱に基く地震の前兆であったか否かに論及してもらいたかった。

■子供の好奇心と地震

笠亭仙果の『なゐの日並』に、安政二年十月二日江戸大地震の後、山城河岸の宮城玄魚を訪問した事を記し、その玄魚の談として「子供のわきまえなく地震というもの見まほしとて、もて騒ぐに困じたり」とある。雷は耳に響きまた光る、火事は目に見え、親父はいつも家に居る、大人どもが昼も夜も地震の事ばかり云っているのを聞いて、頑是なき子供

震災で半焼「無蓋電車」横浜で運転

屋根や窓の焼けた電車に修繕を加えた物。十月中旬頃から運転し、十二月下旬にもまだ使用していた。

の好奇心、その地震の正体を知りたがるのは無理もなかろう。

●一家の大悲惨事

古川柳研究の大家たる秋の屋大人梅本高節子の令娘が嫁していた本所のその家では、一家八人ことごとく焼死されたという悲惨事があった。常に親交を辱する我輩は、大人に対して惻隠同情の念禁ずるあたわざる所であるが、これにも優る悲惨の大なるものがあったらしい。それは去日の新聞に出ていた左の広告を見ての感である。

荆妻はな子、長男松太郎、同妻か

ね子、五男鉦之助、三女喜久子、四女八重子、孫得二、同澄三郎、店員四名、女中三名儀今回の震災のため死去致し候に付、来十二月十六日午後二時本所区亀沢町二ノ一番地自宅において告別式執行仕り候間この段御通知に代え謹告仕り候。

大正十二年十二月十五日

福島由太郎

親戚総代　伊藤市太郎

友人総代　松村和平

試みに算《かぞ》えてみれば一家十五人の不幸。これも被服廠跡での焼死であろうが、縁なく知遇なき身にも気の毒に堪えない惨事である。

●万代不朽の漉返原料　講談社の震災記

新年初刊の「読売新聞」に「きわ物《もの》の地震出版が早いもの勝ちで飛ぶように売れた事にも人は驚いたが、それが最近の図書市では卸値を定価の半額に下げてさえも一冊も売れない。市《いち》の昂進した時はその版元に対し仲間商人から「恥を知れ」などの半畳を浴《あび》せる者さえ現われたというに至っては、きわ物《もの》出版のあまりな短命に人は再び驚かざるを得まい。拙速主義の新聞雑誌切抜出版は、その間に合わせのための貧弱な内容に仲間商人さえもがたちまち愛想をつかしてしまう。改造社はそうした時機の必ず来るべきを予想していたのであろう。彼が浩瀚な『大正大震火災誌』（定価拾五円）の予約募集を発表したのは十月末であった。その後急がず焦らず着々その刊行準備を進めてすでに二ヶ月を経過した（中略）今の所では申込口数約二万に達している。はかないきわ物出版を忌避し永遠の生命と完璧の内容とを誇ろうとする出版者の辛惨はこうして徐々に酬いられつつある」とあった。

この「恥を知れ」と罵られたのは『大正大震災大火災』を発行した講談社の事である。彼は決死的努力で材料を集めたと公表していたが、その内容はほとんど新聞切抜と名士の名を借りた代作物であるに、諸新聞紙上へ大々的の広告を出して、

「空前の震災史。絶好の国民教科書。各家庭必備書」

「子々孫々に伝うべき民族的記念。万代不朽の大著」

「あえて血あり涙ある満天下の志士仁人に訴う」

「湧然起る讃美激賞の声、果然、売行如矢」

「増刷また増刷。今後これだけ良い本は出来難し」

など大書して俗衆を瞞着したのである。実は二十万部の印刷で、一冊の実費元価が三十五銭くらいの物。それを定価一円五十銭として卸値一円二十銭、十万円の広告料を投じてこの二十万部を売れば、差引七万円の純益を得られるというヤシ的打算であった。しかるに

その大々的広告文に釣られて買った者は十二万に足りなかったのである。増刷また増刷とか重版また重版などいったのは全くのウソで、今に売れ残りが八万冊ほどある。この残本を定価の半額七十五銭で本屋の市に出したので「恥を知れ」と罵られたのも無理はない。いずれ不日一冊十銭くらいの値でゾッキ屋の手に廻すか、『講談倶楽部』の残本同様、表紙を剝がして鐘淵の製紙会社へ漉返しの原料に売るであろう。ああ絶好の国民教科書という万代不朽の大著も、その末路ははなはだ哀れなものではないか。

寄書集（二）

■鮮人襲来の蜚語僻陬にも及ぶ

九月十日の事です。今年六十一歳になる父が二里あまりある大沼といえる山村から往診を頼まれ、せっかく馬をもって来たので暑い日中を出かけました。そこは浮島神社として県内の名勝地で、大小六十あまりの島が池中を浮游するという神秘境です。患者の家へ着いて馬から下りると、荷鞍に結び付けた風呂敷包みの往診鞄が途中で落ちたものか見えないので困っていますと、ちょうど隣村の医師も近所に往診に来ていましたが、このことを聞き親切にわざわざ寄ってくれて、聴診器や注射器など必要のものを貸してくれたのでおおいに助かったわけです。夕方帰宅して村の駐在所に遺失届をして置きましたが、間もなくそれが炭担爺の手から出ました。その爺が山から来る途中、妙なものが落ちているので近よると、見なれないものなので、これはきっと朝鮮人が爆弾を落して行ったものと推し、恐る恐る捧げて駐在所まで持参したという話です。こんな山の中まで当時は鮮人騒ぎがありました。近くの発電所のある部落では鮮人が発電所を破壊に来るというので、五十燭百燭の電灯を軒並につけ不夜城の不寝の番でした。流言蜚語は警察官の宣伝によってかかる山樵野耕の間までにも伝わったのでありました。

山形県西村山郡宮宿　天真堂上村医院　上村透

■藤田東湖と魚問屋富市の娘

安政二年の地震の時、小石川水戸邸倒潰せし折から、藤田東湖は屋外に逃れ出でたりしが、老母梁の下になりて救い難きを見、崩るる家屋の中に跳り込みて殉死せり。これをまのあたり見し人あり伝えて美談とせり。今回の震災にて日本橋魚市場の人多く死せり。なかんずく魚問屋富市の妻焼死せし時、本年十六歳になりける娘その母の死を見て逃るに忍びず、猛火の中に投じて殉死せり。これまたまのあたり見たる人あり。彼は碩学是は無学、しかも節を重んじ命を軽ろんずる心は一なりと云うべし（田中利七）。

■五猫庵主人の詩

沢田例外先生が、九月の下旬頃知人間に頒布した『詩、避難者』と題せる小冊子中の二節

○(真実)真実の前に、虚偽がその影をひそめる時が来た。大地震よ、俺はお前を讃美し崇拝する。もっと大きく絶間なく、この虚偽の塊を揺ってくれ。

○(地震計)地震計は、官権のようなものか。危害もない微動には、敏感だが、人の圧死するような時には、役に立たない。

はきよせ

■摸倣雷同性

最初誰かが避難者の多く通行する街頭へ「尋ね人」の貼紙をすると、我も我もとそれをまねた。それで一時満目貼紙の世となったのである。最初誰かが新聞に落付先の住所を広告すると、我も我もとそれをまねた。それで新聞屋は予想外の広告料収入があって威張っていたのである。摸倣雷同性は変事にも発揮。

■郵便初配達

これも逓信役人どものろまの一事である。震災当時郵便函は開閉しないので、ハガキ一本出す事も出来なかった。他町の事は知らないが、上野桜木町へ郵便の配達をするようになったのは九月十六日、それも一日一回で、九月一日前の物を数日間に二、三枚ずつの配達であった。

民間の飛脚屋は九月三日頃から開始。

■啞者鮮人視

自警団員が通行人を捉えて誰何した時、黙して答えない者があった。こやつは朝鮮人に相違ない、口をきけばなまりが出て朝鮮人たる事が現われると思っての無言であろうと、打ち殴った上、警官に引渡したが、実は鮮人でなく啞者であったという。自警団員ののぼせ加減を証明する一事(解説参照)。

■放火と否との別

火災保険会社の規定には、地震から起った火災には保険金を支払わない事にしているが、放火には契約通り支払わねばならぬのであるに、今回の震災当時鮮人その他の放火で焼かれた家へも保険金を支払わないのは不当であるとて、訴訟を起している者が数十名ある。(解説参照)

放火か否かの検証にも困難であり、また確実に放火と認めても、一判例を出すと、我も我もと騒ぎ出す弊を生ぜしめる大事と思ってか、裁判所では慎重の態度で未だ判決を下すに至らないが、よし放火であるにしても、震災の騒動に乗じての放火は、やはり天災と視てよいという理論が被告側から出るらしい。果してどうなるものであろうか。

■またも逓信省ぶったたき

電話はいつ開通するか判らないが、郵便振替口座は十一月二十六日から開始する事になった。やれやれこれで鞭撻の効もあったと喜んでいると、何がさて、そのぐずぐず、そののろまは実に呆れたものだ。預けてある貯金は十二月の大節季にも未調査と称して支払わない。各地方から振込んだ通知票は半月以上、はなはだしいのは二十日以上経過せねば来ない。それで註文者からは度々の催促。この方はいちいち返事せねばならぬうるささ。一体全体、大役人どもも小役人どもは毎日何をして遊んでいるのか。

●気の多い道楽的兼職業的著述家

果して成就するか否かはもとより不明であるが、これをまとめて見たい、こういうものをやりたいと、先年来材料蒐集の袋を拵えたり、手記の書冊を作っているのが何十とあって、すでに『半狂堂出版図書総目録』の末尾に予告した、

近世物議論集
知った風
舌禍史
芸妓史
文身考
猥褻と科学
籠底詮索
末摘花略解
一顰一笑

このほかに合著物としての二、三種。

第五冊　大正十三年一月十五日発行

などのほか、未定稿の題目だけを並べて置きましょう。

日本学閥史
竹枝全集
大中小学高等読本
例外科学
名称変遷史
遊女心理学
人面類似集
艶語辞彙
花柳語彙
廃語辞彙
大宰丸
若衆考
古今奇語大全
春眠画譜
半滑稽

牢獄史
刑罰変遷史
自身の筆禍史
褌と腰巻
廃止百論
外骨の墓

このほかに写本として後世に伝うべき学書、古今淫語大全、猥褻漫録、奇形奇病史、等の秘書十数種あり。

なお昨夏来書肆某の強請に応じて『近世驚異史』に着手。

限りある生命、これだけの著書が、その中幾つ出来得るかは自分にも判らない。又職業的著述家として生活上の都合でこれ以外の著述や編輯物が臨時に突発するであろう。

●自鞭を加えての奮勉

本書の次冊は、二月十五日に発行して第六冊の完了とするつもりであったが、新刊書の着手など計画の事業が多い上『変態知識』を続刊せねばならぬのに、去年の出来事たる震災の画報が残っていては、おおいに気がかりであり、またほとぼりが漸次冷え去るの傾向があって、記述も面白からず、後世の人々はとにかく、当面の読者にはアキが来るのであろうなど考えた末、新年三日間だけ酔臥する事にして、四日からの執筆、第五冊の編輯を十日に了《おわ》り、十一日から十五日までに第六冊の編輯、十六日から二十二日までに『変態知識』第二号の編輯〆切と予定して取掛ったのであるが、この五冊は予定通り十日の午後五時に終了となったのである。

この順調で行けば、第六冊は来る二十日の発行として、五、六、二冊を同時に発送し得るであろう。この奮勉は去冬病気で休んだ償いとして当然の事と、心の駒に自鞭を加えている。

外骨著

震災畫報

第六冊

●不完了物　震災画報として

本書『震災画報』は予定の通りこの第六冊で完了であるが、「完了」とは六冊としての完了で、震災記事の完了ではない。震災記事はこんな本の六冊や十冊では載せきれないほどある。普通の震災記事をことごとく集めれば百冊以上にでもなるが、その中の奇事珍談だけをことごとく集めるにしても、これまでの六冊では、十分の一にも足るまい。この点から云えば、『震災画報』は実に「不完了」のものであるが、『安政見聞誌』が江戸大地震の完全記でないごとく本書は大正大地震の一斑を記するに止るものとして見てもらいたい。専門的の参考書とすべきは、すでに発行されている数十の雑誌図書があり、また不日完全の記録が出版されるであろうから、それによるべしである。本書は奇事珍談の一斑を集めて、それに著者独断の批評や意見を加えたものに過ぎない。しかも見聞狭く観察浅きものである。これを「完了」とするのは不徹底であり不深切であるとは思うが、何を云うにも自称の職業的著述家、一時のきわ物として発行した物、あとへあとへと矢つぎ早に出さねばならぬ物も多いから、まずはこれで御免をこうむりたいのである。

○初冊の「例言」中に予告した事に違った二点を左にお断りして置く。

「およそ三ヶ月間に全六冊を発行」とある三ヶ月が四ヶ月に延びたのは、既記のごとく著者が病気で休養したためである。

「最終冊に目次および索引を附す」とある目次は附けたが、索引を必要とするほどの事もないから、これはやめた。

○合本用としての題箋は、『川柳語彙』の題字と同く、近年書家として御自慢らしい阪井久良岐先生に揮毫を乞うたのである。

第六冊　大正十三年一月二十五日発行

●迷信者の愚を笑う　自己を救って他を救わない観音

自然の大威力たる地震の脅しは、貴賤無差別、貧富平等に及ぼすもので、これほど公平な事はほかにない。雲の上人でも橋の下人でも、その恐怖心を起して狼狽する事は同一であるが、無学無識の徒はその恐怖に伴って迷信を起す。神とか仏とかに頼みて、その身体財産の無事ならんことを望む。宗教は元来蛮民の曚昧に乗じて出来たもの。その宗教心の遺伝で無学無識の徒は自然の大脅威に接すると、救われたいという神頼み仏頼みを起す。その一例としての笑うべき事は、震災後における浅草観音の繁昌さ、実に驚くべき事象で、守札が一日に五千、八千、籤が一日に一万、二万というほど売れる。それがいずれも焼残った観音様の妙智力にすがりて、お助けを乞うのである。観音堂が焼残ったのは風の吹廻しによるのであるが、それがもし妙智力の霊験であるにしても、幾十万の信者不信者のいた東京市街の過半を全焼せしめ、あまつさえ信者不信者の幾万という多数人を焼死溺死せしめながら、観音自身だけが焼残るという自分勝手の仏様、そんな仏様にすがりて効能のあるはずがない、という所へ気付かないのは愚者の愚である。賢者の賢は自然の大脅威に接して科学頼みになる。

●官僚軍閥の大失態

政府が各地方に青年団や在郷軍人会を組織せしめて、郡区長、府県知事、古手将校などを幹事や会長にしていたのは近年思想の悪化で社会主義にかぶれる者が多いのを危惧して、その万一の時に備えしめんためであったが、突発の大地震に際し、鮮人襲来の警報を伝えて、自警自戒の訓令を発したので出来上がったのが、各地の自警団であった。それが鮮人殺傷の暴行を逞くしたのは、国法違反の行為であるとして、検挙処罰されるに至ったのであるが、それに懲りて今後社会主義者があばれるような事があった際、青年団員や在郷軍人などに、官憲の命令があっても、決死の働きをしない事になりはせぬかと、我輩は気遣っている。また官僚や軍閥が青年を糾合した本旨に戻る結果を来しはせぬかと思う。それは官僚学者として有名な法学博士上杉慎吉氏までが左のごとく云っており、なお関東自警同盟本部の名で、内務司法の両大臣に提出した決議文等に徴してその片影が見えているからである。

上杉氏曰く「九月二日から三日にわたり、鮮人襲来放火暴行の謡言が伝播し、人心が極度の不安に陥り、関東全体を挙げて動乱の情況を呈するに至ったのは、主として警察官憲が自働車ポスター、口達等の宣伝に由ったのは疑いなき事実である。しかるにその後官憲は虚報であったと打消している。しからば警察官憲が無根の流言を伝播して民心を騒がせ惨禍を大ならしめた責を負わねばなるまい。

また当時警察官憲は人民に向って、不逞鮮人の検挙に助力すべく勧誘し、武器の携帯を許し、手に余らば殺しても差支なしと信ぜしめたのである。しかるにその後自警団員の暴行を検挙するは当然としても、ここに至らしめた官憲の責任はいかん」云々（十月十四日「国民新聞」による）

関東自警同盟本部の決議文「我等は当局に対して左の事項を訊す。一、流言の出所に付き当局がその責を負わず、これを民衆に転嫁せんとする理由いかん。二、当局が目のあたり自警団の暴行を放任し、後日に至りその罪を問わんとする理由いかん。三、自警団の罪悪のみ独りこれを天下にあばき、幾多警官の暴行はこれを秘せんとする理由いかん。

このほか自警団員の罪を免せ云々（十月二十三日二三新聞）。

かくのごとく、自警団員すなわち青年、在郷軍人らを誤らしめておきながら、その罪のみを問わねばならぬ事になったのは、とにもかくにも官僚軍閥の大失態であったと断言する。

●流言浮説について

流言浮説の本家本元であったらしいその筋から、九月六日、関東戒厳司令部の命として左のごとき印刷物を廻付した。

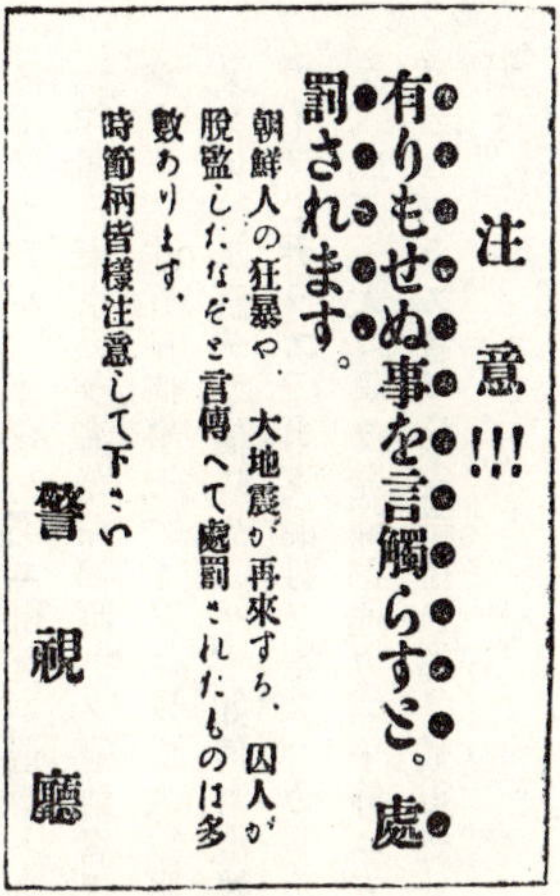

注意!!!

有りもせぬ事を言觸らすと處罰されます。

朝鮮人の狂暴や　大地震が再來する、囚人が脱監したなぞと言傳へて處罰されたものは多數あります、時節柄皆樣注意して下さい

警視廳

流言蜚語ニ迷ハサルル勿レ

何事ニモ驚イタリ、騒イタリシナイテ冷静ニヨク真相ヲ確カメテ、事ヲ処スルノカ我カ国民伝統ノ誇リテアルノニ、今度ノ大震ニ当リ往々無根ノ流言ニ迷ハサレタリ又甚シイノハ無稽ノ事ヲ流布シテ人心ヲ惑ハ

スモノカアル。コレハ実ニ御互ニ遺憾トスルトコロテアツテ其ノ著シキ実例ヲ挙クレハ一昨四日東京カラ海路船橋町ヘノ避難者ヲ、不逞鮮人三百カ上陸シ危険切迫スト言ヒ触シタリ。昨五日何事モナイノニ殊更大崎町ハ炎上シ、其余勢品川ヲ呑ムト流言シタリ、又ソレ等ヲ直チニ信スルノハ、如何ニ混雑ノ場合テアルトハ言ヘ、コウ狼狽シテハナラナイノミナラス、事実混雑ヲ増スハカリテアル。ソコテ市民諸君ハ、此等ノ実例ニ鑑ミテ、此際一大真勇ヲ発揮シ速カニ平静ニ立チ戻ルヤウ尽力シテ欲シイノテアル。尚流言ヲ云ヒフラス者ハ治安維持ノ為メ厳重処分セラルル筈テアルカラ充分注意シテ貰ヒタイ云々。

また当時警視庁の名で市内各町の電柱などに貼付された印刷物にも右のごときものがあった（原物はおよそ四倍大）。

これはごもっともの注意書であるが、この朝鮮人の狂暴という事は神奈川県警察部が本元らしいとの説がある。また陸軍大尉某の談としてある人から著者への報告に「当時流言蜚語盛んに行われ、これが取締をなすべき当局さえ狼狽した滑稽談がある。それは船橋の無線電信所が発した救護信号に「只今鮮人の一団五、六百名隊をなして当所を襲撃すべく進発しつつありよろしく救護を頼む」とあったなどは、今に物笑の種になっている云々」

との事、後世までの話料であろう。

●大の虫を生かす法令

緊急措置の法令として九月七日に、治安維持令、暴利取締令、支払延期令の三勅令が公布された。その中支払延期令には何人も異議を唱えなかったが、治安維持令の、

「出版通信その他何らの方法をもってするを問わず、暴行騒擾その他生命身体もしくは財産に危害を及ぼすべき犯罪を煽動し、安寧秩序を紊乱するの目的をもって治安を害する事項を流布し、または人心を惑乱するの目的をもって流言浮説をなしたる者は十年以下の懲役もしくは禁錮または三千円以下の罰金に処す」

との法令は、握り潰しになっていた苛察の過激取締法案を焼直したものとの非難が起っているが、暴利取締令の、

「震災に際し暴利を得るの目的をもって生活必需品の買占もしくは売惜をなし、または不当の価格にてその販売をなしたる者は三年以下の懲役または三千円以下の罰金に処す」

との法令は、時宜の条文であるとして、一般人民の安心した所であったが、その後着々と

不正小売商人をこの法令に照して刑を加え、二ヶ月間に二十五万円の罰金を徴したそうであるが、従来の通弊のごとく、その検挙は下っ端の者に限られて、大頭連には及ぼさない。その事実は識者の認知する所であるが、近刊の「国民新聞」にも左のごとく出ていた。

「暴利取締令を屁とも思っていない連中がザラにある。実業家は政府当局と結託して暴利をせしめる。大多数の国民が憐れな生活を余儀なくされるのは理の当然。好例は醤油でも炭でも砂糖でも皆然りである。政府当局はいかに暴利を貪っても知らない顔をしている。たまたま小売商人を捕えて罰するなど噴飯に耐えない。見よ巨商は買占もしくは生産制限、協定値段、不売同盟等、様々の手段を白昼公然とやっている。これがもし米国であったらどんなものだろう。彼らはことごとく官憲によって処罰され、再起する事は出来ない。不幸なる日本人よ、幸福なる実業家よ、と云いたくなるて」

法令で罰さるべき生活必需品ですら右のごとしである。普通の日用品に至ってはボリ次第で、何らの調節策を施さず、また取締をもしない。

一巨商、一会社の暴利は、万民の困苦である事を知らない当局者ではない。ただただ結託という甘い利益に眩惑しての不埒事態である。法令もやはり小の虫を殺して大の虫を生かすためのものであろうか。

●震災者法律問題解説

「電信柱を後楯に一段小高い処に陣取った髯の男が見物人に取巻かれながら饒舌っている。「本書を繙けばたちまち法律問題は解決する、仮えば地上権の問題、家主と借家人との関係、あるいは相続問題、仮えば一家全滅のため親類縁者がその財産をつぐ場合、マッタこう云うのがある。あの地震の夜ある青年が途上で瀕死の老人から十万円の金を渡され、乃《お》公《れ》はもう助からぬから君にこれをやるよと云って死んだ場合、この青年が当然これを貰ってよろしいものか悪いものか。ちゃーんと書いてある一部は十銭、安いものだ、数に限りがあるから早い者勝ちだよ」これが飛ぶ様に売れる」(国民新聞)

●焼死した吉運の人

千古未曾有の大惨事と唱えられている関東の大地震は、大正十二年九月一日午前十一時五十八分に起ったのであるが、当日のメクリ暦を見ると「今日、二黒五黄六白七赤八白九紫の星にあたる人々は運勢が吉」とある。また当日の朝刊諸新聞を見ると同じく「五黄の者は福運が来る」とか、「八白の者は縁組開店転居等すべて吉」とある。

SEPTEMBER
1
SATURDAY
土曜
（小）九月一日
北星今日運勢吉
二黒五黄六白
七赤八白九紫
八白 先負
ひのと 未
（舊）七月廿一日

笑わせるではないか。本所被服廠跡や吉原の瓢箪池などで死んだ者は、皆一白三碧四緑の星にあたる者ばかりであったのだろうか。神田日本橋京橋浅草本所深川等に住んでいた者は、凶運の星にあたる人々ばかりであったのだろうか。天下の政治を論議する新聞紙までがかような愚事を掲出して恥ない間は、普通選挙制になってもダメであろう。

●震災被害の統計

初冊の「例言」中に「被害の統計的数字は、完全の調査を待って最終冊に載す」と記しておいたが、その筋の連絡不統一のためか、まだ完全と認むべき調査が出来ていないようである。しかし安政二年江戸大地震の際における変死者の統計が、一方には何万何千何百人とあり、一方には三千八百九十五人、または六千六百四十一人とあるような大相違はないが、正確の数はまだ判明しないようである。

東京市の部

○焼失戸数

警視庁の調査数では、三十一万六千八十七戸とあったが、内務省の調査には二十七万五千あまりとある。

警視庁の三十一万六千八十七戸としての各区内訳は左のごとし。

麴町	五七三三戸
神田	四万六七〇九戸
日本橋	二万六〇〇二戸
京橋	二万八二九八戸
芝	一万五六五八戸
麻布	九戸
赤坂	二三七二戸
四谷	八七七戸

牛込　　　　　四戸
小石川　　　九五六戸
本郷　　　五八九三戸
下谷　　三万三五九五戸
浅草　　五万二八八三戸
本所　　五万五三〇〇戸
深川　　四万一八八一戸
総計　三一万六〇八七戸

○火元数
警視庁では百三十四ヶ所、うち六ヶ所が放火とあり、後にはそれを訂正して八十二ヶ所に減じ、帝国大学罹災者情報局の調査には九十六ヶ所とある。

○変死者数
警視庁の調査数は六万九千九百九十名とあるが内務省の調査数は六万五千あまりとあり、救護局の調査数は七万七千八百三十一名とある。

各地方の部

東京市に次いで被害の多大であったのは横浜市である。
横浜市　焼失戸数五万八千九百戸、全倒潰一万一千六百戸、半焼半潰七千九百六十戸、変死者二万三千四百人
このほか、東京府下、神奈川県、千葉県、埼玉県、静岡県下各地の焼失と全潰の戸数はおよそ三十万、変死者は総計五万以上であるらしい。

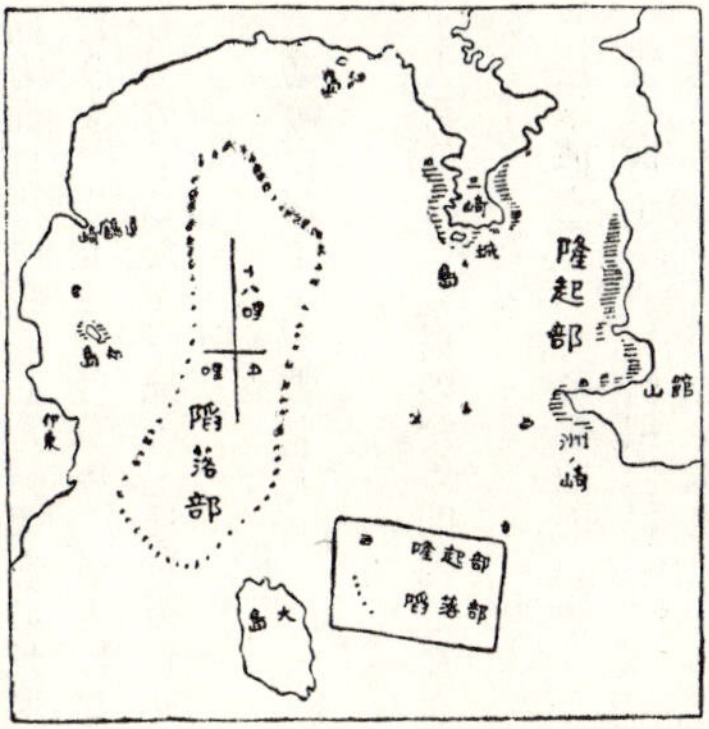

東京市内の、一ヶ所で多く変死したのは、本所被服廠跡での焼死者三万四千五百人を最高とし、本所横川町の二千五百人、新大橋の溺死者一千人、錦糸堀の九百人、吉原と枕橋の各五百人である。神奈川県下では程ヶ谷《ほどがや》の富士紡績会社の倒潰で圧死した女工一千五百名が多数である。

●海底の陥没と隆起

「大地震の震源地はやはり伊豆と大島の中間ときまった。農商務省の天鵬丸は去る（九月）十九日以来

同方面に出動精査した結果右の地図を作製した。陥落海底は南北十八海里東西五海里にわたり少なくも四、五十尋。最もはなはだしい所は二百尋も陥没している。その結果斜線をもって示した海岸地の土地を隆起せしめたのであるという」（報知新聞）

●震災死亡の著名人

九月一日に震災のため即死した人々の中、その性格はとにかく世間で名高かった者は左のごとくである。

法学博士	磯部四郎
文学博士	厨川白村
医学博士	吾妻勝剛
理学博士	大橋重威
貴族院議員	京極高義
前大臣	松岡康毅
裁前所長	末永晃庫
検事正	福鎌文也

東海銀行重役　吉田源次郎
横須賀市長　鈴木福松
財産家　園田孝吉
同　安田善雄
警視　山之内秀一
老壮士　宮部　襄
陸軍少将　小崎正満
航海標識所長　吉岡兼三

右の中、磯部氏は本所被服廠跡で焼死。厨川氏は鎌倉で圧死。吾妻氏も同上。大橋氏は川崎で圧死。京極氏は本所で松岡氏は鎌倉、末永福鎌両氏は横浜地方裁判所の倒潰で圧死。吉田氏と山之内氏は本所被服廠跡で焼死。宮部氏は相州、小崎氏は東京、吉岡氏は横浜で圧死したのである。

以上のほか、鎌倉で山階宮妃佐紀子女王、小田原で閑院宮寛子女王、鵠沼で東久邇宮師正王。この三殿下も家屋倒潰で圧死された。

●震災後の飲食店

新川柳「罹災者と見えて汁粉屋髯があり」、「商売に慣れて夜店は髯をとり」など、震災後汁粉屋牛飯屋になった者も多かったが、男ばかりでなく、生花の師匠が街頭で煙草を売ったり、踊りの師匠がおでん屋になったのもあった。また「奥様を探しあてればどら焼屋」というもあり、「水とんを出す手に元の金指環」、「お汁粉を売るには惜いきりょうなり」のみじめなのもあった。

この震災後、にわか出来の飲食店が増加する事は、古今相同じである。安政二年の江戸大地震は、十月二日であったが、その五日の記事として『なゐの日並』に左のごとくある。「昨日よりすでに大道の食物商人は常に十倍して売る、商人ならぬ者も心さときは、老少も男女もいはず、おもひ〳〵にたべもの調じて道傍に立ち、あやしの餅菓子、鮨店、燗酒の類ひ勝計すべからず」云々。

「復興は暗の花から咲き初め」で性慾の発展も尋常ではないが、それよりも、生命あっての後に先立つものは飲食物である。九月三十日の「東京朝日新聞」所載記事。

「焼け出されて「すいとん」を売る者、ゆであずきを売る者その他牛どん豚雑煮と、と

丸焼屋

焼け出されても、丸焼屋という屋号を考え出す洒落っ気は、さすが江戸っ児。万世橋附近所見（九月二十日の「東京日日新聞」）

りあえず焼け残りの材料を集めて、災後一週間ばかりは素人の食物店が東京中の焼跡に店を張っていたが、これがようやく本業らしくなっていくのと、今までの本職の料理店などが、昔の堂々たる店舗を夢の跡として、焼トタン板の露店を開業し出したのとで、今の東京はほとんど片っ端から食物店だ。最近の調べによると、これらの総数が焼跡区域だけで五千三百六十四軒ある。現在のところ最もこれらが雲集しているのは、日比谷警察署管内の六百九軒、次いで象潟の五百二軒、七軒町の四百十二軒などである。この総数の中に煙草商の二百四十四軒その他食い物店ならざるものも入っているが、まず九割まではそのうまい物屋だ。生ビールの安売で知れた銀座ヱビスビール会社食堂が、焼跡に紅紫の幔幕張りで開業し、カフェーロシヤ、青柳、たんぽぽが一緒になって銀座ロシヤの焼跡で小さく復活し、数寄屋橋でならした鳥料理曙が、小さくも同じ橋畔で惨めな便所のような小屋で開業しているのも哀れである。京橋の幸ずしは日比谷公園の中で、のり巻ばかりを売っている。銀座のライオンは、旧位置で体裁のいい仮店をこしらえてまず銀座のカフェーらしい最初の皮切りをやるらしい」

●入道雲　学名積乱雲

大火の時、その上空に起る雲を俗に「入道雲」と呼ぶが、理学者はこれを「積乱雲」と称している。九月一日二日の東京市上には、その積乱雲の大なるものが現われた。著者は当日地上に筵を敷き、仰向けに臥して、一時間ほどその怪雲を凝視した。怒れる大入道が折重って狂うがごとく、たちまち消えたちまち現われ、渦巻は瞬時もやまず、変化百態、実に目ざましい見物であった。

大火の時、なぜこの雲が起るかというに、それは大火の煙が空気を熱して高く昇り圧力の少い所へ達すると、次第に膨脹し次第に冷えて、その中に含んでいる水蒸気が凝結して白雲に化するのであるという。

この積乱雲は火災時でなく、平常の夏時にもよく起る。『日本擬人名辞書』にある武州人がいう「信濃太郎」および大阪地方でいう「丹波太郎」などは皆この入道雲の事である。

●地震図書目録

帝国図書館で去る十二月中旬、江戸時代の震火災に関する図書記録の展覧会を開催したが、その際陳列した物は大広間二室に満ちた数十点であった。古記録並に一枚摺の物を除き、書冊としての刊行物、および未刊写本類の解題を、同司会者の手記によって左に略記する。

『大地震暦年考』　刊本一冊

山崎久作著。安政二年の震災に鑑み古来よりの沿革を述べ図入として翌春出版せり。

『地震海嘯考』　刊本一冊

安政二年季冬に刊行せるものにて十月大震災後の活字本なり。斯界の急先鋒たり。

『家ぶれ窓の記』　写本一冊

安政度大震災の記事にて著者は岩本無物翁なり。書肆にして好事家なる翁の聞見はまた尋常と撰を異にせり。

『地震撮要』　写本七冊

関谷清景の編纂せる安政度震災記録にてその苦心大なり。

『安政見聞録』　刊本一冊

服部保徳の震災見聞録にて安政三年秋の出版なり。

『安政見聞誌』　刊本三冊

安政見聞録と相並んで記事図画の傑出せるものなり。大変災後の好著述というべきか。

『震災動揺集』　写本一冊

安政大震災の記事にして巻中当時の地主がその資財のすべてを一擲して同胞の急を救いし事を録せり。

『地震の話』　写本一冊

安政震災に関する談片を教訓化したる者なり。当時此風の撰述多き一例たり。

『時雨の袖』　写本十五冊

著者畑銀鶏が安政震災の実験を筆録せる者なり。図画拙にして字句冗漫なるもその真相を伝えたるは一にこの書を推さざるを得ず。
以上は帝国図書館の蔵本であるが、このほかの刊本で著者外骨の所蔵本中には左記の三種がある。
『地震考』　刊本一冊　濤山著　文政十三年
『雷公地震由来記』　刊本一冊　文の屋著　安政元年
『震雷考説』　刊本一冊　村山正隆著　安政三年
このほかに『地震預防説』および『吉原たいへん』という遊女の圧死焼死の人名表を細見に擬した一冊物がある。

震災後の粗製券

（日刊）（第三種郵便物認可）大正十二年九月三日 SHIMBUN

大阪毎日新聞

本紙夕刊共十二頁

東京大災害の詳報

本社記者 加藤直士氏發の第一報

九月一日午前十一時五十五分東京では猛烈な震動起り次いで八方より火災起り宮城及び山の手方面の一部を殘し全市各地にわたり殆ど全滅の姿を呈せんとす、死傷者算なく光景悽慘を極めた、私は一日夜九時燃え殘る帝都を後にし半ば自動車半ば汽車にて今長野に着いて始めて電報の聯絡を遂げ左に概況を記す

史上に比例なき絶大の慘禍
東京市の燒失家屋約廿萬戸

長野にて二日午後十時發 加藤直士

この日朝から風強く炎天で蒸暑かつたが正午十二時前伊豆大島の東、東京を距る二十六里の海底を中心とする激震のため東京、神奈川、千葉の市街は實に安政の大地震に何層倍する大慘害を被つたわけても横濱横須賀方面最も強く横濱の如き殆ど全滅との噂なるも

草十二階その他銀行會社、商店民家無慮二十萬が既に灰燼に歸した殊に神田方面と丸の内より銀座にかけての方面と日本橋淺草方面、最も火災の區域が廣く夜の九時に燒

駿河臺より飯田町、小川町、須田町、日比谷公園附近から警視廳、帝劇より有樂座、銀座一帶、日本橋本石町より須田町へ全部（但し電車に關係）淺草本所深川一圓、飯田橋から大曲りまで新宿御苑前通一帶赤阪田町方面一圓である

死傷者算なし
慘憺たるその光景

東京府は陸軍と共力し各所に救護班を設け死傷者を收容しつゝあるが、近衛師團の營庭の如き死傷者をもつて充たされ軍醫總出にて應急手當をしてゐる倒壞家屋中最も悲慘なるものは印刷局にして數百人の職工逃げおくれてその下敷となつたやうだ、建築中丸の内々外ビルヂングも倒壞し二百數十人の人夫が即死したらしい、日本電氣工場では六百人の職工が死んだといはれる

觀念せる市民の抑制
『東日』の手刷號外

本社の姉妹紙東京日日新聞は四方から火にか

第一着の「大阪毎日新聞」

●記念の大阪毎日新聞

震災当時、九月二、三日頃に号外を出した新聞社もあったそうだが、それは丸の内から近い麴町、麻布、赤坂などへ配達したもので、遠い上野方面へは一枚も来なかったようである。

それで、桜木町内の人々は、少しでも他方面の消息を知りたく、新聞を渇望していた所へ、誰が持って来たものか、九月三日発行の「大阪毎日新聞」が四日の朝、町会事務所へ廻って来た。人々はそれを珍らしがって奪合いで読んだ。

日本未曾有の大地震
焦熱地獄の東京
爆発頻々死屍累々
品川も海嘯で全滅
秩父連山大爆発
横浜全滅罹災民九十万人
火の海を踏んで脱出した本社記者の惨状実見記

などいう大活字の見出しで、四頁に震災記事を満載したものであった。関東の出来事を大阪の新聞で初めて見るなどは、ウソのような異例の珍事である。「大阪の新聞が来たそうだ」と全町の噂になって、我も我もと借覧を申込んで来たので、一時間制限で貸し与え、それが五日間ほど数十人の手に転々した。そのボロボロになった新聞紙も記念物の一つとして著者が保存している。

●漢音カタカナの公文

九月十日午前十時半、大阪府に宛てた飛行郵便中、関東戒厳令司令部から発した印刷物は、活字の漢字が揃わぬので、不足の箇所だけ片仮名を使用印刷した左記のごとき珍妙な公文であった（大阪朝日新聞）。

関東戒ゲンシ令官命令軍隊ノ増加ニ伴ヒ警備スルニ至レリ依テ左ノコトヲ命レイス

一、自警ノタメ団体若クハ個人毎ニ所用ノ警戒法ヲ執リアルモノハ予メ最寄ノ警備タイ憲兵又ハ警察官ニ届出其指示ヲ受クベシ

二、戒ゲン地域内ニ於ケル通行人ニ対スル誰何、検閲ハ軍タイ憲兵及警察官ニ限リ之ヲ

行フモノトス

三、軍タイ憲兵又ハ警察官ケンヨリ許可アルニアラザレバ地方自警団及一般人民ハ武器又ハケウ器ノ携帯ヲ許サズ

関東戒ゲン司令官　福田雅太郎

震災を受けない大阪の新聞社であるから、この漢音のカタカナを珍妙に感じたのであろうが、東京の新聞は焼残った社でも、ケースの顚覆で、活字が滅茶になり、二週間くらいは漢音のカタカナを使っていた。

●人食鬼の広告

新川柳に「この際に女の道も行きつまり」とか「白粉を塗ってこの際に処する奴」など云われた者が多くあったに乗じて、魔窟の主人が魔の手を延ばして盛んに誘惑した事実は、各方面で行われたらしいが、しかも公然「都新聞」に広告して募集するに至ったのは驚くべき事である。震災後の同紙上に十件、二十件のその広告が出ない日はなかった。五、六の例を左に摘記して人食鬼の実在を示しておく。

ただしここに「芸妓」とあるのはいわゆる「大正芸妓」の売淫専門者で芸のない「者」

であると知りたまえ。

□芸妓商売は非常に忙しい。今すぐにお出下さい。素人でも着物お金も貸し親切に御相談します。

四谷大木戸三楽横丁　亀新中

□芸妓　商売は非常に忙がしい。至急入用です。避難者には特に便宜の御相談します。本人来談。

麻布網代町二十一　森川家

□芸妓　になりたい二十歳より二十五歳まで。素人でよし。着物もお金も貸します。御本人おいで下さい。

牛込区若松町二番地　仟　松

□芸妓　商売繁昌。お望の方、至急本人直接お出下さい。十六歳より二十三歳まで。看板借、分、丸抱新規。
罹災者特に相談

芝浦　山登家

□芸妓　十五より二十五歳くらいまで。芸なき素人の方、住替いずれにてもぜひ一度御相談下さい。

牛込神楽町ビシャ門横丁　高本叶

□芸妓　罹災者歓迎。本人直接御出下さい。看板借、分丸抱。罹災者は特に御便宜を計ります。

芝浦本芝二　初亀　江戸家

このほか、駒込神明町、四谷新宿、小石川白山、日本橋芳町、下谷中根岸等の人食鬼もまた募集の広告を出していた。

そして買収された婦女は、芸を売るのでなく、肉を売るのであるが、盛り場では一夜に二十人、三十人の客を取らせている。その玉代は一円以上三円五円で、手取りの収入は少くも一夜に十円以上になるのであるという。

大震災の騒動ですさんだ心を、肉慾の満足で緩和させようとする者が多いので、いずれの魔窟も大繁昌を極めているのであるが、現社会制度の根本を解せずして、単に公娼廃止の運動をする連中は、かように私娼が跋扈するのを何と視るのであろうか。

●露宿した人々

房州海岸の漁師町。地震で潰された家を津波にさらわれて寝る所もなく、波打際にあった風呂桶の中に二、三夜眠った者があったという話を聴いた。九月一日二日の夜は、東京でも露宿した者が少くない。上野公園内の芝生または空地で夜明しをした者が何十万という多数であった。有名な榎本武揚の息子武憲は何爵華族であるが、一日の夜は宮城前の芝生で露宿したそうである。

このほか、寺社の椽側、墓所の空地、ガードの下、堤下、堀端、畠の中、庭の隅、電車内、舟、車の上、鉄管の中、大樹の下、線路へ菰を敷き、街路へ戸板を並べて寝るなど、千状万態であった。かく多数人が屋外で寝たのは明治十年西南戦争の時、熊本市人が郊外に逃出して露宿したという以来の珍事であろう。

この絵は、天明八年に二

十万戸ほど焼失した京都大火の惨状を記した『初午詣』という本の中にある絵の一つで、避難者が鴨川の磧に露宿している様を描いたものである。病める老母が大火の騒動で、心を痛め身を損じ、危篤の状態に瀕したので、娘は泣き、息子はうろたえ、番頭が介抱に駆付けた場合を図したのであるらしい。

昨年の九月一、二日頃、上野公園内に避難した人々の中にも、これと同様の憐れなのが幾組もあった。

またこの絵と同様、上等の簞笥数個を左右に重ねて、壁に代用していたのを二、三ヶ所で見た。

●複合名詞の新旧語

地震の振動に擬して男女の閨事を「地震」と称するバレの代名詞があり、また近世は官吏の大罷免を「地震」と称したが、複合名詞としてはなお五つ、六つある。

▲地震御殿

昔京都の禁裏に建ててあった別殿をいう。炬燵櫓のごとき構造で、大地震の動揺があっても倒潰する恐れのないように組立てた家屋。地震の時に逃込む場所としての堂宇であった。

▲地震戸

大戸の下部へ小さい開き戸を附けたものをいう。地震の動揺で敷居鴨居が曲って戸があかない時には、その小戸を引きあけもぐって逃げ出すに便宜のよう造ったものである。

▲地震内閣

大地震で人々がドサクサ騒いでいる最中に押出した内閣。火事場泥棒同様の格であるが、地震内閣といわれただけに頻々と余震が起り、終《つい》に大余震でもろくも倒潰してしまった。

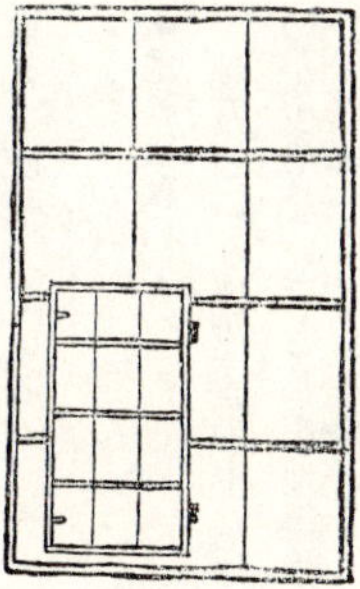

▲地震成金

震災で多くの人々が衣食住を焼失したに乗じ、その生活必需品を買占て暴利を貪った者をいう。この小成金は暴利取締令で罰せられたのもあるが、大きな成金どもは最初から役人と結託して儲けたのであるから、憎々しい大ヅラに構えて威張っている。

▲地震後家

幾万という焼死者の中には、夫婦共死も多いが、また夫だけが死んで妻の生存しているのが少くない。これを地震後家というのであるが、その後二度目の夫を持ったもあり、また売春婦に化したのも沢山あると聞く。向島だけで私娼中にもそれが三十名ほどあると新聞に出ていた。

▲地震大工

「あれは地震大工です」という語を聴いた。そのわけを訊けば曰く「帝都の復興には第一が建物で、各地方のあらゆる大工も上京しましたが、それでもなお不足なので、素人がにわか大工になっています。木穴一つろくに掘れないで、釘を打つくらいの事しか出来ない者をいうのです」。

▲地震文士

地震に遭った文士をいうのではない。創作の力がない平凡文士共中、その後地震の事ばかりを書いて、あちこちの新聞雑誌に寄稿し、その報酬で生活している者をいうのである。「思索は生産なり」と売薬屋の広告に見えたが、思索ばかりでない「地震は生産なり」とも云い得る。

落　葉　籠

■亜砒酸を呑まされた鮮人

震災騒動中、放火、強奸、掠奪などの悪事をやった朝鮮人は四、五十名あったが、その中で「九月三日朝、日本服を着た自称李王源が、毒薬亜砒酸を携え、本所菊川町附近唯一の飲料水たる消火栓附近を彷徨中、群衆に取押えられ、食塩だと強弁したため、無理に呑まされてたちまち悶死」との一事は笑うべき珍談であった(解説参照)。

■東日が差押えられた記事

本所被服廠跡の焼死屍体の写真を載せたがために、発売頒布を禁ぜられた新聞は多かったが、九月七日発行の「東京日日新聞」が差押えられたのは「全滅せる横浜、震災より戒厳令まで」の日記中、三日の項に「鮮人殺害さしつかえなしの布令出づ」とあった一行のためであるという。その布令出づの真偽は……。

■富士山が見えなくなった

大震で土地が陥落したり、隆起した所が関東各地にある。甲州の大月駅は富士登山者の宿泊地であるが、大震後は同駅から見えていた富士山が見えなくなったという。それは附近の山が隆起したのでなく、土地が数尺陥落したゆえであるそうな。かような事が各地にあると、古歌の考証にも影響するであろう。

■震時の産児の名

本書前冊所載「樹下石上の産児」に名を附けるに、九月一日の大震を記念すべく「九一」とか、「震吉」とか、女の児には「ゆり子」あるいは「しん」などしたのが多いそうであると記したが、東京市内の各区役所へ届出た名前の中には、山田震、鈴木震一郎、佐藤震吉、青山震治、伊藤震郎、山本震次郎、木下震次、米山震吉などいうのがあって、大変災を永く表徴せしめんとした親が多かった。

■火事は都の花か

帝国図書館で開催した地震に関する図書の陳列会に出品された一枚摺の版行物中に「安政二年地震大花場所一覧図」と題するものがあった。ことさらに「花」の字に書いたのは、江戸の花としての名物を誇ったものであろう。江戸っ子にはこの意気があって、災害に消沈せず、いち早く復興して忘れたごとくに活動したのであろう。今の東京っ子はいかが。

■殺されそうな人

去る頃の諸新聞に出た叙任記事中に「島根県知事長延連、沖縄県知事岩元禧」というのがあった。震災当時、自警団員に誰何された時、林統祥とか楊隆規とか名乗ると、「ハヤシ」ではあるまい「リン統祥」という朝鮮人だろうと詰められて、抗弁したがために殺された者もあった。「長さん」などはそんな時にあぶない氏名である。

鋏と糊

▲横浜のキリンビール本工場に火がついた時、水がないのでポンプで生ビールを放酒（?）したが、やはり焼けてしまった。烏有氏は上戸じゃなかったと見える（東京日日新聞）。

第六冊　大正十三年一月二十五日発行

▲横浜の八百政という小料理亭で、結婚披露をすませて、いざ新婚旅行に出ようと、軒先へ出た所を、圧し潰されて、あの世に新婚旅行に出かけてしまった（都新聞）。
▲深川辺の犬は大災後食い物がないので、死人の肉をあさっていたが、近頃これも潤沢でなくなったので、生きた人間にかみつく。九月十四日に六つになる児がキンタマをかみ切られてとうとう死んでしまった（東京日日新聞）。
▲東京府下大島町一三五、染物商多賀努妻チヨは、震災当日子供を背負って一旦下谷入谷町に避難し、さらに日光の大沢文助方に避難して、子供を背から下して見ると自分の子供とは違うのでおおいに驚き、目下各方面に真物の子供の捜査願を出している（国民新聞）。
▲東京須田町電車交叉点角の買収価格は、土地一坪一千五百円、家屋坪当り一千円、それに営業権が一千五百円、この合計四千円という素晴らしいものであった。ところが九月一日のグラグラで今はたった二百円に暴落したそうだ。まさにもって二十分の一の大瓦落である。もっとも人の褌で不労的に騰貴した土地の値段が鯰のお蔭で不労的に暴落したのは極めてロジカルであるかもしれんが（大阪朝日新聞）。
▲京橋の三協印刷会社では、震災の時丁度前が瓦斯《ガス》会社の工事で掘立てられてあったので、字母を全部その穴の中へ投《ほう》り込み、トタン板の蓋をなしその上へ泥をかぶせておいたので、工場は焼失したが字母はすっかり助かり、十一日早々開業の運びとなった。これと似寄り

の話は、神田の書肆北星堂で、やはり所有の英文の活字を全部溝の中へ投り込んでおいたため活字は無事であった。あの際の処置として当意即妙の手段に誰も感服している（読売新聞）。

▲震火災の当時麴町新見附内の三輪田高女の校庭にも沢山の避難者が収容された。はじめの頃は食うや食わずが一番の心配だったので何事もなかったが、食糧の配給が行渡るようになると次に起る慾望は何か。その月の十日頃から、廊下の壁や便所の中に鉛筆やまた釘の先などで妙な絵が盛に描かれ出した。避難民が去ってからこれを知った元道校長「さても人間はあさましきもの」と地震に何ともなかった壁を皆剝がしてしまった（同）。

●面白い同じ言葉の使い分け　差別的同義類語重用集

古来行われている階級的差別、又は男女差別のために使う同義の類語、あるいは同義の雅言俗語を、十七文字中に重用して意義ある面白い事に云いかけた柳句を集めてみた。

御飯よりまんまの膳を先へ出し

旦那や奥様などよりは食事をせく子供の方を早くする事。

出合茶屋小便に下《お》りしに下り

密会所で男が先に便所へ行き女が次に行くとの事。

屁をひったより気の毒はおなら也

男のは笑って済むが羞恥心ある花嫁のはそうゆかぬとの事。

みずからを捨ててわっちを御寵愛

上品の奥方を疎遠にして下等育ちの妾に耽溺するとの事。

女郎買傾城買をあざ笑い

権式ブル上妓買よりはふざける下妓買の方が面白いとの事。

御酒機嫌よりは見苦しささ機嫌

男のくだまきはさほどでないが女の巻舌は醜体との事。

顔は美しいが面は憎いなり
己惚で当って見て素気なく肱鉄砲をくわされた男がいう事。
女房と相談をして妻を去り
これは二人称（女房）、三人称（妻）の別を立てた用語で、つまり夫婦合意の離縁を云ったのであろうと思う。
着かやれといえば縕袍《わんぼう》脱ぎ居ろう
中田薫先生の『文学と私法』にも引用されてある通り、遊里から帰って来た道楽息子を母親と父親とが紙衣に着かえさせて勘当（放逐）する事を云ったのである。
蕎麦切は嫌いけんどん五つ六つ
「けんどん」とは倹飩蕎麦の事。上等の蕎麦切を食わず、廉価の蕎麦ばかりを食うとの義であろう。蕎麦嫌いの者が喧鈍女郎（売春婦異名集）を数回買ったとの狂句ではあるまい。以上のほかに「出をるなといえばあとから出やるなよ」という句がある。これは「着かやれ」の焼直しらしい。

また「べべは着せよいが小袖は着せにくい」という句がある。子供と娘盛りとの別。なお「赤恥よりは白恥のつらい事」とか「小づらも憎いが大づらも憎い也」など云うような句は多いが、いずれも類語の重用でないから省く。

●予定の残本（合冊一千）

前回（第五冊）に「万代不朽の漉返し原料」と題して、講談社（雄弁会）の『大正大震災大火災』の内情を摘記したが、その後同社は残本を同じイカサマ手段で売ろうとして、「一挙売り尽す五十万部、増刷又増刷。しかも残部すこぶる僅少なり。本書は以後絶対に増刷せず、求め損なって悔を千載に残すなかれ。この際至急お求め下さい」と例の「恥を知らない」大広告を出していた。「本書は以後絶対に増刷せず」とは売残り八万部の処置に当惑しているくらいだから、増刷しないのも当然であろうが、さて本書『震災画報』は予定の通りこの第六冊で終刊とし、初冊以来別に刷り置いた各一千部（仮綴もしない物）を纏めて一冊の合本とし、定価二円二十銭（外に書留送費二十銭）として、徐々に売らんとの計画であるが、一挙売尽す五十万部の百分の一たる五千部も売れなかったもの（前冊だけは広告用として五千部印刷）、増刷また増刷の空景気もなく、予定の残部

すこぶる多くて一千の合冊本、幸にその一千を売り尽せば、さらに増刷してこの註文に応ずるつもりである。そこで、

「本書は以後随時相対に増刷す。求め損なっても悔を一載に残す事もなし。安心してゆるゆるお求め下さい」

である。万代不朽の著として珍重されるかまたは漉返しの原料に廻されるかそれはヒトのする事。我輩は知らない。

●震災画報の合本

第一冊より第六冊までを合本とする予定を推知された愛読家より、合本を拵える時は此方のもやってくれと、すでに申込みになっているお方が十数名あるが、製本料だけもらって一時間にいくらという生活費のかかる事務員に、その授受発送等の取扱いをさせる事は、ちと迷惑の煩瑣事であるから合本望みのお方は、二月十日までに御持参あって、後日また取りにお出を願いたい。他地方のお方も同十日までに郵送あれば、製本の上、他書を書留で発送する時、同封で返送します。その製本料と手数料とを合せて三十銭、汚損のない六冊と新製合本との交換なれば五十銭添付の事。

この規定のほか、表紙のみの要求などは応じない。また二月十日後の申込みにも応じない。第三冊は合本のほか品切。

この第六冊に「外題貼紙」をも附けてあるから、なるべくお手許で製本させて、当方へお申込みのないように願う。

大正十三年一月下旬印刷
大正十三年二月一日發行

（震災畫報）定價金貳圓貳拾錢

東京市下谷區上野櫻木町二十二番地
編輯兼發行者　（宮武）外骨

印刷者　東京市本郷區動坂町三一七　明正舍　小國直太郎

東京市下谷區上野櫻木町二十二番地
發行所　半狂堂
電話下谷六五九〇番
振替東京三九四二〇番

解説　発信する行動的野次馬・外骨

吉野孝雄

「震災」という言葉を目にすると、近頃では「阪神・淡路大震災」と一昨年の「東日本大震災」を衝撃とともに思い起こすが、それ以前には「震災」といえば大正一二年に起きた「関東大震災」をさす言葉だった。

明治四三年生まれの亡くなった母は、一四歳の時に市川で被災し、そのとき逃げようとしたが立って歩くことができず、二歳年上の姉とともに這うようにして庭の竹藪に避難した。家の梁や柱の木組みが抜けたり入ったりするのを横目で見ながら逃げ出したときの恐怖を、ことあるごとに子供の私に語って聞かせていた。

そして、体験を語って聞かせる人たちが他界していなくなった頃に、阪神・淡路や東日本大震災が襲ってきた。私は、たまたま、被災地から遠いところに住んでいて、親戚を含めて被害に遭わなかったが、「災害は忘れた頃にやってくる」という、子供の頃にはよく言われていて、近頃はほとんど耳にしなくなった言葉を思い出した。

災害の体験を語る人がいなくなった時がまさに「忘れた頃」という意味なんだ、ということを実感として感じたのだった。そしていま、東京直下型の地震や、東海・東南海・南海地震が近づいているという警告が連日のようにニュースで流されてくる。体験を語り伝えることの大切さをあらためて思うのだ。

本書のタイトル「震災画報」の「震災」は、言うまでもなく、大正一二年九月一日に東京を中心とした関東を襲った直下型の「関東大震災」を意味している。その体験を語り継ぐ人々がいなくなったいま、その生々しい実態を伝える「語り部」としての役割をこの本は担っている。

「画報」という言葉は、写真や映像文化が発達したいま、あまり聞かれなくなってしまったが、私の子供の頃までは「○○画報」というタイトルの雑誌がいっぱい出されていた。いまで言えばグラビア雑誌とでも言おうか、絵を主体とした雑誌スタイルの小冊子のことだ。だから「震災画報」とは、関東大震災を伝えた絵入りの小冊子ということになるわけだ。

ところが、中を開いてみると、「画報」と謳うわりには絵がお粗末だという印象を読者は抱くに違いない。二一日に印刷を完了して、二五日に発行されたという経緯が示すように、この雑誌は、震災からわずか三週間あまりで緊急出版されたものだ。用紙も燃えてしまう、挿絵を描く絵師たちも被災している、印刷屋も火災で焼けて活字が溶ける、ニュースをいち早く伝える使命の新聞社もやられ、号外すら出せずにいるような混乱のなかで出された雑誌だから、絵が粗末なのは無理もなく、むしろ、よくこれだけのものがあのすさまじい災害の直後に出せたものだと感嘆すべきものなのである。ラジオやテレビ、インターネットなど、迅速な報道態勢がとれる現在と違って、当時の最速の報道手段は新聞の号外だった。ラジオ放送が始まったのは、関東大震災から約一年半後の大正一四年三月一日のことだ。

東京中の新聞社が号外も出せない。なんとか出すには出しても配送するインフラがやられている。号外を読めたのは発行元に近い地域の住民だけで、離れた土地の人間のもとには届かない。当時東京上野桜木町二二番地に住んでいた外骨の近所に最初に届いたのは、なんと大阪で発行された「大阪毎日新聞」だったという笑い話のような記事が本書の第六冊に出てくる（本書二二二頁参照）。

震災当時の外骨の動向は本書のあちこちに自身が詳しく報告しているとおりなので要点以外ここでは繰り返さないが、その動向の一部始終が手にとるように生き生きと伝わってくるのは、外骨の他の雑誌と共通した本書の特長のひとつである。

外骨は当時、自宅で半狂堂という個人出版社をやっていて、「川柳語彙」と、古川柳研究雑誌の「変態知識」の編集にあたっていた。そのためストックしてあった用紙（土佐判紙・和紙）を転用してこの「震災画報」の用紙にあてた。さいわい印刷所の明正舎は罹災を免れたが組み版を担当する愛正舎が全焼してしまった。

活字不足の上に組み版の職工がいない。印刷所に外骨が出向き組み版を手伝った。本書の用字に欠字やカタカナ書き、大小の活字が混用されて印刷されているのは活字不足のためである。文庫化にあたり新組としたので伝わりにくくなっているが、第一冊にある上野西郷像の貼り紙の挿絵の見出し文字にその苦心の痕跡が見てとれる（本書二二頁参照）。

外骨は文筆の人であったが、それにもまして行動の人だった。それも人並みはずれて迅速かつパワフルだった。三人の妻と死別するやいなやすぐに新しい妻を迎えるという素早さもさることながら、明治新聞雑誌文庫の資料収集の際に「東京帝国大学」と大きく書かれたリュックを担いで、好きな渓流竿を片手に新聞雑誌を求めて日本各地を歩きまわった。素早い行動の人だったことは、生前の外骨を知る人々の証言のなかでも語られていることだ。

また、外骨は並はずれて物見高い野次馬精神の持ち主だった。そうした、災害や事件の現場を自分の目で確かめなければ気がすまない、というジャーナリストに特有の性行は、明治二九年六月に三陸海岸を襲った大津波の視察に出かけたという事実にも現れている。また、「滑稽新聞」の時代には、大阪の天王寺が鋳造させた大鐘が割れていて撞くことができないという噂を聞きつけ、記事にするため実態を確かめに天王寺まで鐘の見物に出かけた。晩年の太平洋戦争中に南多摩に疎開していたときは、空襲のたびに近くの山上から焼けて炎に包まれる東京の街を眺め、撃墜され展示されたB29の機体を見にわざわざ都心の日比谷公園まで出向いたりもしている。まさに外骨は生涯を通じて行動的な野次馬だったというべきなのである。

行動する野次馬としての特性が遺憾なく発揮されたという点においても、この「震災画報」は「滑稽新聞」などの他の雑誌とはまたひと味違った、外骨を代表する雑誌のひとつだったといえる。

数名のスタッフを抱えただけの半狂堂だから、ニュースソースは外骨の足と友人知人の報告だけが頼りだった。近くの谷中、上野からはじめた取材の足はやがて巻を追うごとに浅草、神田、銀座方面へとのばされて行った。足で歩いて行ける範囲が取材の限界だった。あとは各地にいる友人知人の報告に頼るしかなかった。取材範囲の狭さを補うために他の新聞記事も積極的に引用し外骨のコメントをつけた。

「震災画報」の記事が、今日の新聞雑誌の震災報道記事と決定的に違っている点がある。それは、災害の悲惨さや被災者の悲しみなどの記事がほとんど見られないことだ。掲載された写真にも地割れや焼け跡などのものはみられても、黒こげの死体がゴロゴロした目を背けたくなるようなものは全くない。

外骨はこのとき取材していくなかで買い集めたと思われる被災写真を五〇枚近く遺している。その中には有名な本所被服廠跡の黒こげの死体の山を写したものも含まれているが、こうした悲惨な写真は一枚も「震災画報」のなかでは使われていない。

これは、自身が本書でも述べているように、治安維持に躍起となった当局が悲惨な焼死体写真などの掲載を厳しく禁じたことがひとつの理由だった。

当局の言論弾圧と闘い続けてきたそれまでの文筆活動を知るものにとって、当局の思惑に配慮するなどまったく不可解な今回の態度には理由があった。創刊号の巻頭には外骨の雑誌としては不可解ともいえる次のような宣言が掲げられている。

○治安妨害として其筋より新聞紙の発行頒布を禁止せし項目に属する記事は総て之を避く故に不徹底の所は読者の推断に委す

最初から、治安妨害の記事は出しませんよ、とわざわざことわっているのだ。普通は、わざわざことわったりなどしない。暗黙のうちに自主規制すればいい話だ。

これは、外骨のそれまでの言動を知る愛読者と治安当局に向けた「ことわり書き」なのだ。この雑誌は、それまでのようにわざわざ当局の弾圧を誘発するように仕組んだ雑誌とは違って、あくまでも予定どおり最後まで刊行することを目的とした雑誌なのだ。だから、弾圧の対象となるような記事や写真の掲載を見合わせたのだ。

だが、理由はそれだけではなかった、と私は思う。外骨は悲惨な現実や被災の悲しみを伝えたくてこの雑誌を出したのではなかった。これは、意図してそうなったのではなく、外骨という人の人間性が生んだ結果だったと思うが、取材していくなかで、自分の興味と関心の向かう先が悲惨な現実や被災者の悲しみ、というものではなかったからだと思う。

外骨の目は、あのすさまじい災害の後、くじけることなくたくましく生き抜こうとしていた庶民たちの姿に向けられた。その世態や風俗、パニックのなかで飛び交う流言蜚語、それに惑わされ暴力をふるいはては人殺しまでしてしまう人間の浅ましさ。盗みまがいのことまでして生き抜こうとする庶民たちの業にまみれた生き様を、珍談奇談をまじえて生々しく伝えようとしたのだ。

本所被服廠跡の黒こげの死体の山を写した写真を外骨は持っていた。持っていたがそれを掲載せずに、かわりにそこに避難してきた人々の被災直前のまだ生きている姿が写った写真を掲載した（本書一七九頁参照）。

これは、弾圧による続刊不能を避けるための方便なのだが、被服廠跡の悲惨な現実を知ってからこの人々の生前の姿が写った写真を見ると、人間の生のはかなさというものがよけいに感じられて、いっそうの哀れを催してしまう。一瞬後には黒こげの死体になってしまうかもしれないようなはかなさを秘めて、人々はそれでもけなげにたくましく生きている、というメッセージのように読み取れるのだ。

こうした、パニックのなかで、朝鮮人虐殺事件は起こった。当局による大杉栄の虐殺事件には触れていない外骨だが、朝鮮人虐殺問題はその流言蜚語に惑わされることへの厳しい批判を込めて記事にしている。

とくに、発売禁止などの処置をおそれる必要がなくなった最終巻の第六冊になると、「官僚軍閥の大失態」という大見出しで、自警団の暴走をあおった張本人の当局が一転して弾圧に転じた失態をあばき、自らの流言を真実と思いこんで無線で当局に警戒を呼びかけた船橋無線電信所の狼狽ぶりを嗤《わら》っている。

大杉事件に触れていないのは、単に外骨が大杉を嫌っていたからでも、事件そのものを知らなかったからでもなく、混乱に乗じて当局が危険人物を抹殺するぐらいのことはやりかねない、と思っていたからだと考えられるが、自らがデマを流して、あげくは虐殺を制止し厳罰で対処する行動を見せたマッチポンプのような当局者のやり方を、片腹痛い「笑止千万」なやり方だと思ったからだろう。

大杉栄は「スコブル」を出していた頃、愛人の伊藤野枝をつれて外骨の自宅を訪れ、助手として働きたいと申し出てきたことがあった。虐殺される約二年前の一一月のことだ。大杉の素行上の問題と主義主張が違うから、と外骨はその申し出をことわっている。

朝鮮人虐殺問題について本書で一貫して政府当局を批判している外骨だが、政府が発表した誤報をそのまま掲載してしまうという失敗もあった。他に情報源がなかった当時としてはやむを得なかったわけだが、この件に関して研究が進んだ現代では当然問題となる部分である。

それは第六冊「落葉籠」中の「亜砒酸を呑まされた鮮人」(本書二三一頁参照)の項目である。これは一〇月二〇日に当局が新聞等に公表した「朝鮮人の犯罪」をそのまま引用し記事にしたもので、後の研究で、当局が日本人による朝鮮人虐殺を正当化するために流した虚報であることが判明している。この記事のような事実はなかった。

また、外骨が使う「鮮人」という語は、当時「朝鮮人」を意味する略語として一般的に使われた言葉だが、多くの場合差別的意味を含んで使われていた。外骨は、部落問題にも見られるように、差別を言葉の問題とはせず、実態の解消をめざした人だったから、この場合も、一般に使われていた「鮮人」をそのまま使ったものと思われる。しかし、何も知らずに読むと誤解を与える表現であり、現代では使うべきでない言葉なので注意が必要である。

外骨はこの「震災画報」を大正一三年一月二五日発行の第六冊をもって終刊する。中断していた「変態知識」の編集も続けなくてはならない。刊行予定の企画は目白押しだった。翌二月一日に残部を一冊にして合本千部を刊行する。雑誌の残部を合本して後日刊行するのは「職業的著述家」を自認するいつもの外骨のやり方だった。

外骨はこの震災の取材のなかで、明治以来の文化財、書籍、新聞などが一日の間に灰燼に帰すのを目撃した。関東大震災は、江戸末期以来の明治の文化がほとんど失われてしま

大地震記念としての作り事

顛覆の活字を拾ひ寄せた箱

うという、文化面での一大事件だったという面をもっている。

なんとかそれらを今のうちに後世に伝え遺さなくてはならない。こうした思いを共有する吉野作造、石井研堂、尾佐竹猛、外骨などが明治文化研究会を立ち上げたのが震災の翌年、大正一三年一一月。外骨が中心になって明治期の新聞雑誌を保存する明治新聞雑誌文庫が東京大学で事務を開始したのがその約二年後の昭和二年二月のことだった。

その契機となったという意味でも、関東大震災の発生とその結果生まれた「震災画報」は外骨自身にとってだけでなく、日本近代研究の観点からもきわめて重要な出来事だったということになる。

最後に後日談をもうひとつ。震災発生からちょうど一年後の大正一三年九月に発行した「変態知識」第九号の表紙に右図のようなイラストが掲載されている。これは中に「大地震記念としての作り事」と書いてあるとおり、震災後一周年を記念して、震災時に印刷所の活字がバラバラになった様子を再現した作りものの表紙絵である。編集が遅れ本文中に挿画を入れる時間的ゆとりがなくなったためにこの号を「大震災記念号」としてこの表紙絵を載せ、「贅沢な絵などを入れていられない場合であった事を表現する」というこじつけだったというのが、表紙裏に書かれた外骨の言葉。活字や「約物」と呼ばれる記号活字を組み合わせて挿絵を作るのは「滑稽新聞」などでもみせた得意の手法である。

悲惨な震災も一年経てばなんのその、苦難の思い出もたちまちユーモアに変えてみせる、ドライで陽気なたくましさこそが外骨の真骨頂なのだ。

クワイ河収容所　アーネスト・ゴードン　斎藤和明訳
「戦場に架ける橋」の舞台となったタイ・クワイ河流域の日本軍俘虜収容所での苛酷な経験を綴った、イギリス将校による戦争ノンフィクション。

虜人日記　小松真一
一人の軍属が豊富な絵とともに克明に記したジャングルでの逃亡生活と収容所での捕虜体験。戦争の真実、人間の本性とは何なのか。（山本七平）

八月の砲声（上）　バーバラ・W・タックマン　山室まりや訳
一九一四年、ある暗殺が欧州に戦火を呼びこむ。情報の混乱、指導者たちの誤算と過信は予期せぬ世界大戦を惹起した。'63年ピュリッツァー賞受賞の名著。

八月の砲声（下）　バーバラ・W・タックマン　山室まりや訳
なぜ世界は戦争の泥沼に沈んだのか。政治と外交と軍事で何がどう決定され、また決定されなかったのかを克明に描く異色の戦争ノンフィクション。

最初の礼砲　バーバラ・W・タックマン　大社淑子訳
独立戦争は18世紀の世界戦争であった。豊富な挿話を積み上げながら、そのドラマと真実を見事な語り口で描いたピュリッツァー賞受賞作家の遺著。

米陸軍日本語学校　ハーバート・パッシン　加瀬英明訳
第二次大戦中、アメリカは陸海軍で日本語の修得を目的とする学校を設立した。著者の回想によるその実態と、占領将校としての日本との出会いを描く。

アイデンティティが人を殺す　アミン・マアルーフ　小野正嗣訳
アイデンティティにはひとつの帰属だけでよいのか？　人を殺人にまで駆り立てる思考を作家は告発する。大反響を巻き起こしたエッセイ、遂に邦訳。

世界の混乱　アミン・マアルーフ　小野正嗣訳
二十一世紀は崩壊の徴候とともに始まった。国際関係、経済、環境の危機に対して、絶望するのではなく、緊急性をもって臨むことを説いた警世の書。

震災画報　宮武外骨
混乱時のとんでもない人のふるまいや、同じ町内で生死を分けた原因等々を詳述する、外骨による関東大震災の記録。人間の生の姿がそこに。（吉野孝雄）

独裁体制から民主主義へ
ジーン・シャープ
瀧口範子訳

すべての民主化運動の傍らに本書が。独裁体制を研究しつくした著者が示す非暴力による権力打倒の実践的方法。「非暴力行動の198の方法」付き。本邦初訳。

国家と市場
スーザン・ストレンジ
西川潤／佐藤元彦訳

国際関係を「構造的権力」という概念で読み解いた歴史的名著。経済のグローバル化で秩序が揺らぐ今、持つべき視点がここにある。（鈴木一人）

私の憲法勉強
中野好夫

戦後、改憲論が盛んになった頃、一人の英文学者が日本国憲法をめぐる事実を調べ直し、進行する事態に警鐘を鳴らした。今こそその声に耳を傾けたい。

法の原理
トマス・ホッブズ
高野清弘訳

ホッブズ最初の政治理論書。十七世紀イングランドの政治闘争を背景に、人間本性の分析を経て、安全と平和をもたらす政治体が考察される。（加藤節）

タイムバインド
A・R・ホックシールド
坂口緑／中野聡子／
両角道代訳

仕事と家庭のバランスは、時間をうまくやりくりしても問題は解決しない。これらがどう離れがたいものなのかを明らかにした社会学の名著。（筒井淳也）

戦略の形成（上）
ウィリアムソン・マーレー／マクレガー・ノックス／
アルヴィン・バーンスタイン編著
石津朋之／永末聡監訳
歴史と戦争研究会訳

戦略の本質とは！　統治者や国家が戦略を形成する際の錯綜した過程と決定要因を歴史的に検証・考察した事例研究。上巻はアテネから第一次大戦まで。

戦略の形成（下）
ウィリアムソン・マーレー／マクレガー・ノックス／
アルヴィン・バーンスタイン編著
石津朋之／永末聡監訳
歴史と戦争研究会訳

戦略には論理的な原理は存在しない！　敵・味方の相互作用であり、それゆえ認識や感覚の問題である。下巻はナチス・ドイツから大戦後のアメリカまで。

アメリカ様
宮武外骨

占領という外圧によりもたらされた主体性のない言論の自由の脆弱さを、体を張って明らかにした、ジャーナリズムの記念碑的名著。西谷修／吉野孝雄

組織の限界
ケネス・J・アロー
村上泰亮訳

現実の経済において、個人より重要な役割を果たす組織。その経済学的分析はいかに可能か。ノーベル賞経済学者による不朽の組織論講義！（坂井豊貴）

ちくま学芸文庫

震災画《しんさいが》報《ほう》

二〇一三年八月 十日 第一刷発行
二〇二三年八月三十日 第四刷発行

著 者 宮武外骨（みやたけ・がいこつ）
発行者 喜入冬子
発行所 株式会社 筑摩書房
東京都台東区蔵前二―五―三 〒一一一―八七五五
電話番号 〇三―五六八七―二六〇一（代表）

装幀者 安野光雅
印刷所 株式会社精興社
製本所 株式会社積信堂

ISBN978-4-480-09567-1 C0121